現場が輝くデジタルトランスフォーメーション

Digital Transformation

RPA×AIで日本を変える

UiPath株式会社
代表取締役CEO
長谷川康一
HASEGAWA Koichi

ダイヤモンド社

はじめに

私は30年近く、コンサルティングファームや外資系金融機関でテクノロジーの仕事をしてきた。ＣＩＯ（最高情報責任者）やＣＯＯ（最高執行責任者）として、新しいＩＴシステムの導入やデータセンターの構築を指揮したこともある。この間、まさにＩＴ革命により、世界中がネットワークでつながり、ニューヨークからの取引注文が瞬時に東京で処理されるようになった。数百万単位の取引の夜間処理が可能になり、経営分析に利用できる情報のデータベースも構築されてきた。だが、実際には、多くの人がその日の仕事を終わらせるために、1日のほとんどを目の前のディスプレイに対峙してキーボードを打ち続ける日々を過ごしていた。私は、「はたして本当に仕事は効率化されたのだろうか、人間をサポートするためにシステムを導入したはずなのに人間のほうがシステムに使われているのではないか」と疑問を感じるようになった。

それから私は、テクノロジーと人間の関係について、深く考えるようになった。

本来、テクノロジーは人間の能力を助け、高めるために作り、利用するものである。たとえば生活に関わる身近なテクノロジーを例に考えてみよう。人間が服を着るようになると洗濯という仕事が生まれた。手作業で他人の服を洗濯する職業もあった。毎日、単調な作業の繰り返しで、冬の寒い朝には、冷たい水を桶に入れて洗濯物を洗うという大変な手間のかかるつらい作業だ。だが現代の日本では、冬の寒い朝に手作業で服を洗濯する人はいないだろう。洗濯機というテクノロジーが開発され普及したからである。

今、洗濯機をイノベーティブなテクノロジーだと言う人もいないし、洗濯機によって職業を奪われたという話も聞いたことがない。だが洗濯機がもたらしてくれたものはそれだけではないのだ。カナダのモントリオール大学のエマニュエラ・カーディア教授の研究は、洗濯機や冷蔵庫といった今では当たり前になっているテクノロジーが、いかに社会を変えたかを指摘している。これらは、女性を長時間の家事労働から解放して社会進出を助け、現在のワークフォース（労働力、労働人口）と経済に多大な影響を与えたと述べているのである。

1961年にジョン・F・ケネディ大統領がアポロ計画を発表し、10年以内に月に人を送ると宣言した。これを契機に進化を加速させたコンピュータは、その後の60年間で高性能化・小型化し、ありとあらゆるところでシステムによる自動化が行われてきた。これは素晴らしいことだ。

ただ、最初にも述べたように、そのためにホワイトカラーのオフィスをはじめとするビジネスの現場で、人間が紙の情報をシステムに入力をしたり、ひとつのシステムから別のシステムへと転記したり、異なるシステム間の数字の照合チェックをしたりする手作業が必要になり、その作業に人間がとらわれている。これらの作業こそ、本来は人間がやるべきではなく、システム間の連携で自動化しておくべき作業であろう。だが、様々な経緯や背景があり残念なことにそうなっていないケースが多い。

これを解決するのが、RPA（ロボティック・プロセス・オートメーション）のロボットである。RPAは、コンピュータで行う人間の手作業を自動化するソフトウェアであり、このような手作業から人間を解放してくれる。シンプルなデジタルのテクノロジーだが、人間に寄り添ってくれるロボットで、頼りになる仲間であり、ドラえもんのようなものである。親しくなれば四次元ポケットからAIも出してくれるし、分身ハンマーで叩いたように1000人分の仕事もしてくれる。ただしドラえもんとは違って、ソフトウェアであるRPAのロボットは目には見えない。

RPAがもたらすものは自動化による業務効率化だけではない。事務作業にとらわれて疲弊している日本の現場が、アナログの手作業から解放され、自ら使いこなせるデジタルテクノロジーのツールを持てるようになる。そして、人間らしいコミュニケーションや考える仕事、創造的な仕事にもっと時間を使えるようになる。

日本でRPAの導入が本格的に始まってからまだ3年ほどしか経っていないが、RPAのロボットがAIとつながることにより、単に業務をデジタル化するだけでなく、現場の人材をRPAとAIを使いこなせる「デジタル人財」へと変える、本当の意味でのデジタルトランスフォーメーションが始まろうとしている。本書では、活用例を交えてRPAの意義や未来について考えてみるとともに、デジタルトランスフォーメーションをリードしている先進的な経営者や地方自治体の首長、高等教育の要である大学の学長を訪ねて、意見を聞いてみたいと思う。

RPAとAIは、これから10年、いや5年も経たないうちに、日本を変えていく。どう変えていきたいか、想像してほしい。RPAとAIが普及すれば、誰もこのテクノロジーを革新的とは思わず、現在のスマートフォンのように、ひとりひとりが日常的に使いこなすツールになっているだろう。RPAとAIで新たな仕事を始める人はいても、RPAやAIに仕事を奪われたと言う人はいないだろう。その近い将来では、あんな面倒な作業を人間がやっていたのですかと次の世代は驚くだろう。そして、多くの人が、日々ワクワクしながら、よりクリエイティブな仕事を楽しんでいるだろう。

私はＲＰＡとＡＩを使いこなす日本の現場が、デジタル人財として、日本を元気にしてくれることを確信している。

すでに、ＲＰＡとＡＩによるジャーニーを始めて成果を出しているリーダーもいる。ぜひ、このトランスフォーメーションを皆さんと進めたいと思っている。

目次

第2章 RPA×AIで日本を元気に 035

第3章 RPAで課題を突破する 065

第4章

現場が輝くデジタルトランスフォーメーション

＊第5章～第7章の対談内容は、2020年6～7月時点のものです

第 1 章

新型コロナウイルスが浮き彫りにした日本の課題

リモートワークがワークしない

2020年4月7日、政府が発令した新型コロナウイルス対策の特別措置法に基づく緊急事態宣言。当初の埼玉県、千葉県、東京都、神奈川県、大阪府、兵庫県、および福岡県の7都府県から、同月16日には対象地域が全国に拡大された。宣言前からの自主的な取り組みも含め、外出自粛の要請により私たちの生活は一変した。

とりわけ大きな影響を受けたのが、ビジネスパーソンの働き方である。満員電車に揺られ、オフィスへ通勤して働くことが当たり前の世界は過去のものとなり、リモートワークが推奨された。しかし全員がリモートワークに移行できたわけではないし、リモートワークの導入や運用に対し、課題を感じた企業が多かったことも事実だった。

まず、社員全員がリモートワークに移行できるだけのネットワークを用意できない企業や、リモートワークに対応できるシステムが準備できず社外からできる業務が限定されたり、リモートワーク用のPCを社員に提供できない企業が続出した。加えて、社員個々の事情も違った。家が狭く仕事用の部屋やデスクがない、社用のPCを持ち出せず私用のPCも所有していない、さらには、常時使えるネットワークを自宅に引いておらず、携帯電話に頼るしかない人もいた。

今、リモートワークのみならず、新しい生活様式の中、非対面、非接触のデジタルの世界への移行が必要となってきている。今回の新型コロナウイルス感染症の拡大において、実際にお客さまのリモートワークを支援してきた経験から、またこれまでお客さまのデジタルトランスフォーメーションに伴走してきた経験から、私なりの観察をすると、新型コロナウイルス感染症は、日本がかねてより抱えていた業務慣習、業務制度、ITシステム、人材という課題を浮き彫りにしたように思える。

業務慣習――紙書類と押印の文化

旧態依然たる業務プロセス、その中でも一番はなはだしいのが紙書類と押印の文化だ。契約書や請求書、伝票や社内の稟議に紙書類を必須とし、それらに押印をしないと決裁できないというアナログな業務プロセスは、日本の多くの企業に残されている。取引先から送られてくる紙書類を整理し、契約書を作成し、押印作業を行うという業務を実行するために、緊急事態宣言下でも出社を余儀なくされ、リモートワークが進まないという事態も多発していたのだ。多くの企業の経営者が、苦笑しながら、印鑑を押すためだけに出社し続けたという話を私にしてくれた。

そもそも、紙や押印を必要とする商習慣も、複雑な業務プロセスも、全員出社を前提とする働き方の価値観によって培われてきたものだ。出社しなくても仕事が回るようにするためには、まず業務慣習の改革が必要だったのだ。

全国で緊急事態宣言が解除された直後の2020年6月、PRAソフトウェアメーカーの日本法人であるUiPathは、UiPathユーザー会（会長：トヨタ自動車情報システム統括部長岡村達也氏）と共に、お客さま102社を対象に調査を実施し、新型コロナウイルス感染拡大による影響や、コロナと共に生きる時代においてどのようなことに取り組むべきかなどのヒアリングを行った。集まった声には以下のようなものがあった。

「まずはペーパーレス対応を始めなければならない」（地方自治体）

「労働集約型の業務を変革していきたい」（保険業）
「出社率が低い中でも業務パフォーマンスが下がらないような仕組みや業務フローを検討する」（通信業）
「場所が固定されている・属人化されている業務を自動化していきたい」（エネルギー業）
「今回のコロナ禍で初めて、対面が必要な業務とリモートでできる業務の切り分けが分かってきた。この整理が必要であると感じている」（製造業）
「リモートワークで生産性が上がったとは思っていない。エンドツーエンドの改善をすることで早急に生産性向上に取り組む必要がある」（化学メーカー）
「今回のコロナ禍ではＲＰＡの活用ができず人手に頼らざるを得なかった。今後に備え、有効活用するために他社事例から学び、業務の見直しと自動化を進めて次回は同様のことが起こらないようにしたい」（地方自治体）

など、業務改革のニーズが顕在化していることが明らかになった。

業務制度――〝昭和型〟働き方の生産性の低さ

新型コロナによる働き方の変化は、長時間労働を美徳としてきた昭和型の価値観と、この価値観に基づく業務制度の変革を迫ることとなった。

日本のホワイトカラーの労働生産性は、先進諸国の中で常に下位にあり、2018年にはアメリカの6割強の水準に留まっている。労働生産性は、かけた労働時間に対する成果で判断される指標だが、「残業するのが当たり前」という企業風土が根づいてきた日本の企業では、定時で退社することは悪と見なされ、残業をしている人こそ頑張っているという刷り込みがなされてきた。これでは、労働生産性が上がるはずもない。

この問題はずいぶん前から指摘されているが、実際には改められぬままになっている企業も多かった。しかし、コロナ禍をきっかけにこのような〝昭和型〟の働き方や組織文化を見直す動きがかつてない規模に広がり始めている。

社員全員が同じ方向を向いて同じペースで同じことをするという昭和型の働き方は、高度成長期の大量生産志向の社会でこそ有効だったものだ。そこでは、均質的な仕事を上司の命令通りに実行するという働き方が、生産性の高さを生み出していた。しかし現在では、全員で同じことをしていれば事業規模を拡大できるような仕事はほとんど失われてしまった。ひとつひとつの事業規模が小さくなり、部署ごと、さらには働く人ひとりひとりが別々の仕事をする時代となった現代では、昭和型の働き方はメリットのないものだ。そこで求められるのは、個々人が判断して実行できる個としての強さ、そして強い個人が必要に応じて連携することによって生まれてくる現場の強さである。

長時間労働だけでなく、雇用制度にも変革が求められる。個々の業務の内容を詳しく記述した「ジョブディスクリプション」を作り、それに基づいて雇用関係を結ぶジョブ型を採用している日本企業は極めて少ない。日本企業に多い時間型の雇用では、毎日出社して定められた時間、仕事をすることが第一となり、仕事の内容は厳密に定められていない場合もある。そのため、リモートワークになってしまうと、なすべき仕事に困ってしまうのだ。欧米ではすでに一般的な、専門性を持ったジョブ型の働き方が今後は増えてくるだろう。

高いスキルや専門性があれば、ウィズコロナの世界では働き方の選択肢も増える。言い換えれば、昭和型の働き方では活躍の場が限定されていくということだ。さらに、新型コロナウイルスの流行以前の世界では、働く場所も住む場所も大都市が人気だったが、リモートワークが広がり〝会社に出社する意味〟が見直されたことで、その価値観も大きく変わっている。出社しなくても仕事ができるのであれば、わざわざ通勤ラッシュで大変な思いをすることもない。自然に恵まれ豊かな生活を送れ、密にもなりにくい地方で働くことも検討できるわけだ。

IT――2025年の崖とレガシーシステム

日本企業が抱えるITの課題も再度、明らかになった。

私個人の感想として、ITを経営の重要な施策のひとつと考える日本の企業経営者も今や多くなってきており、グローバルスタンダードのITの有効利用や最新のデジタルテクノロジーの活用によって企業変革を志す経営層やミドルマネジメントは、デジタルトランスフォーメーションを重要なテーマとして掲げ、日々取り組んでいる。しかしそこに立ちはだかるのが、過去から脈々と続く日本のITの課題である。過去のIT施策が必ずしも現在の企業経営にとって良い資産とはなっておらず、変革を志す人たちにとっては負のレガシーとも言える状況が散見される。

日本のIT産業には、ほかの国にはない大きな特徴がある。それは、社内でITの専門家を育成し、強力なＩＴ部門を成すのではなく、ＩＴの開発から運用までを外部の専門企業に依頼していることである。日本ではシステム開発といえば、現場のユーザーがＩＴ部門に依頼し、ＩＴ部門が社外のシステム開発会社（ＳＩｅｒ）に依頼するのが当たり前である。その結果、ＩＴをプログラミングから設計、管理、計画と体験した足腰の強い優秀なＩＴリソースが社内に蓄積されず、戦略的にＩＴを考えられる人材が少ないという事態に陥っている企業は少なくない。

私は、一般にＩＴと呼ばれるテクノロジーを、〝ＩＴ〟と〝デジタル〟に分けて考えている。ＩＴとは、旧来の技術基盤により構築されているコンピュータシステムであるレガシーシステムのように、強固・堅牢に構築される反面、変化に対応しづらく、開発や保守にはＩＴの専門家が必要なもののことである。それが今は、クラウドをはじめとした技術の出現と、最小限のプログラミング作業あるいはプログラミング作業なしでの開発手法の向上により、〝即利用でき〟かつ〝カスタマイズが柔軟に可能〟になることで、環境変化が激しいビジネスに即時適合できるように進化した。このような技術を私は〝デジタル〟と呼んでいる。

今、デジタル敗戦国という言葉で言い表されているほど、日本企業の多くが、まだデジタルの導入に課題を持っていると言われている。「２０２５年の崖」という言葉をご存じだろうか。経済産業省では、企業においてブラックボックス化したＩＴシステムがデジタル変革を失敗させるとし、2025年から毎年12兆円の経済損失をもたらすとの報告書を公開している。この事態を「2025年の崖」と呼んで警鐘を鳴らしているのだ。

私たちも、日本企業におけるIT活用の実態を把握すべく、従業員数1000人以上の企業のIT部門担当者を対象にアンケート調査を行い、1030社より得た回答結果を公表している（調査レポート：「IT担当者アンケート」で見えてきたつながらないシステムをRPAが救う7つの理由）。調査対象がIT担当者であるにもかかわらず、「2025年の崖」について知っていると答えたのは4割に満たないという結果となっている。

「2020年から2023年の直近3年で取り組もうとしている経営課題」では、最も多かったのが「働き方改革、生産性・業務効率向上」（46・2%）であり、売上拡大や収益性向上という根本的な経営課題を除くと、次に多かったのが「IT・ソフトウェアの戦略的な活用」（38・4%）だった。ITを活用した生産性の向上や業務効率化を目指している担当者が多いことが明らかになった一方で、これからITの活用に取り組むという点では、いささか遅いと言わざるを得ない結果となった。「最新のITを活用した生産性向上・業務効率化による働き方改革に対する取り組み」に関しても、11・9%の企業で「取り組めておらず計画もない」と回答しており、意識改革が急務であるとの危機感を感じさせられた。

また、「2025年の崖」に直結する課題としては、旧来の技術基盤により構築されているコンピュータシステムであるレガシーシステムの刷新が挙げられる。前記の調査では、全体の約半数がレガシーシステムを所有していると回答しているが、注目すべきは、刷新が完了していると答えた企業の割合だ。何と全体の4分の1に満たず、1000人以上の企業を対象としたアンケートにもかかわらず4分の3以上の企業で刷新が未完了であることが判明している。さらに、27・5%の企業が「刷新の計画はない」と答えている。

海外では、ビジネスや社会構造全体のデジタル化の流れを受けて、デジタルトランスフォーメーションを進める経営責任職であるCDO（最高デジタル・データ責任者）を設置する動きが2010年代の初頭から加速している。グローバルでCDOのコミュニティを運営するCDO Clubでは、欧米を中心に世界規模で1万人以上のCDOが参加しデジタル変革を進めている。しかしながら日本ではいまだCDOを設置する企業は上場企業の主要企業の一部のみで、国内企業の1%に満たない状況である。デジタル時代に日本の競争力を向上させていくためには、企業活動全体を鳥瞰してデジタルの取り組みを進めるCDOの設置が急務であると言える。

企業をここまで支えてきたレガシーのシステムをいかに活用して、企業全体のデジタルトランスフォーメーションを進めていくかという課題の解決は急務になっている。

人材――過剰な事務職、不足する専門職

少子高齢社会や出生率の低下などを背景に、日本の生産年齢人口は減少の一途をたどっている。業種によっては働き手不足が顕著となり、大きな社会問題にもなっている。しかし、実は日本の課題は労働人口の減少だけではなく、労働者構成が変化している点にもある。業務のデジタル化が進むことで、今後は従来型の事務職が人材過剰になっていく。しかし、技術革新をリードしながらビジネスに適用できる専門職は、どんどん不足していくことだろう。三菱総合研究所が2018年に発表したレポートでも、2030年において、事務職が120万人過剰となる一方、専門職が170万人も不足し、人材のミスマッチが問題となると指摘している。

ただでさえデジタル化の遅れが足を引っ張っている状況に加えて、コロナ禍から始まった新たなデジタル対応の必要性、2025年の崖と、テクノロジー人材の必要性は高まる一方であるにもかかわらず、様々な調査でテクノロジー人材の不足が指摘されており、2030年には最大で数十万人が不足するという試算もされている。

こうしたミスマッチを解消する手立てはないのか。私は、これまで事務作業に携わっていた

人々にデジタルのテクノロジーを身につけてもらい、ビジネスを進化させていく取り組みが必要だと考えている。

現在、事務職が担当している仕事は、デジタル化と共に次々と自動化されていくだろう。そこで強調したいのは、自動化の仕組みを作り、使うのは人間だということである。さらに、社会環境や事業計画等の変化に対応して、仕事の内容は常に変わっていく。それに合わせて自動化した仕事を修正していくのも人間の仕事であり続ける。デジタル化が進めば新しい雇用もどんどん生まれてくるということである。

ここで重要なことは、このような事務作業の自動化をしていく仕事は、事務の業務を熟知している人でないと効果的にできないということである。自動化する業務を知らないＩＴ技術者に依頼しても、業務内容を説明するだけでも大変な作業になり、しかも満足のいくものができ上がらない場合も多い。それまで業務を担当していた事務職の人が自動化技術を身につけ、自らが主体となって業務の見直しや改善と併せて自動化を推し進めることで、真に効果が上がり、意味のある自動化を達成できるのだ。

従来のＩＴ技術者をベースに考えれば、事務職の人がそのような技術を身につけるには大変な努力が必要で、かなり困難を伴うと思われるかもしれない。だが、自動化のテクノロジーは年々進歩を続けている。プログラミングを覚えるのではなく、人間に優しい、人間にとって使いやすい新しいツールを使うことで、より短期間に事務職から専門職への転換を可能にするテクノロジーは、すでに登場しているのだ。

これによって、不足する専門職を補うことができるだけではなく、現場の業務を知り尽くし、しかもデジタルのテクノロジーも使いこなす、新しい専門職が誕生する。そのような人たちを私は「デジタル人財」と呼んでいる。そもそも現場で仕事している人が一番業務をよく知っているし、一番問題も分かっている。そういう人たちが主体にならなければ、デジタル化の成功は難しいのではないだろうか。事務職だけでなく、営業職、専門職、さらには経営者と、あらゆる人が新しいテクノロジーを使いこなすことで、本来の意味での業務のデジタル化を進めていくことができるはずだ。

積み重なる課題を解決するには

ここまで、4つの大きな課題について述べてきた。これらの課題はもちろんすぐに解決できるものではない。ただ、今、日本がデジタルトランスフォーメーションへのしっかりした1歩を踏み出すために、今すぐ使える、実効的なデジタルのテクノロジーがある。

それが、人に優しく使いやすい新しい自動化のツールであるＲＰＡ（ロボティック・プロセス・オートメーション）だ。人間に代わって、作業を効率的に自動化するツールである。また、ＡＩをＲＰＡにつないで使用すると、さらに自動化できることが広がる。

ここからは、日本の現場の働き手がＲＰＡとＡＩを使いこなすことによって、いかに自動化を推進し、デジタルトランスフォーメーションを進めて日本を元気にするか、その可能性について探ってみたい。

新型コロナウイルス感染症の拡大で、すぐに対応が必要になったときに、海外では、ＲＰＡを導入してコロナ対応への成果を上げた事例がある。

たとえば、フランスのある大手小売企業では、すべての部門において新型コロナウイルス感染症拡大に起因する病気休暇申請数が急増。人事部門は社員から提出される文書の選り分けに追われ、病気休暇申請や労災申請、その他の人事文書などを適切に分類しきれなくなっていた。そこでＲＰＡを導入し、ＯＣＲ（光学文字認識）で文書を解析。人事システムへの自動入力を行わせたことで、人事部門は事務処理ではなく緊急時の社員のケアに集中できるようになっている。

あるいは、アメリカの金融業界での活用だ。新型コロナウイルス感染症の影響を受ける小規模企業を支援するため、アメリカ政府は給与保護プログラム（ＰＰＰ）を発表。社員数５００人以下の全企業を対象に、総額３４９０億ドルの貸付資金を提供している。ところが大量の申請処理に難航し、深刻な業務停滞が生じてしまった。そこでアメリカ三大銀行のうちの２行がいち早くＲＰＡを導入し、ローン処理の自動化を24時間以内に実現。１件当たり30分かかっていた処理を３分に短縮し、迅速な審査通過を促した。具体的には、中小企業からの申請受付と審査・貸付金額算定、その後の中小企業庁の専用ポータルへの登録までを自動化し、何か問題があれば人が介入する。これにより、処理量の増大に伴う負担が大幅に軽減され、ある銀行ではローンデータをアップロードするまでの時間が90％も短縮されている。

加えてアメリカ政府や州自治体でもフードスタンプ（食料補助プログラム）申請や失業手当申請などの受付・審査・事後処理に自動化が活用されている。この経験はロックダウン下のルーマニアのＡＮＰＩＳ（国家賃金・社会検査機関）における失業手当申請にも生かされ、たった半月で11万件もの請求を処理した。

実は日本でも、自治体や内閣府でコロナ関連事業にＲＰＡが活用されている。茨城県では、新型コロナウイルス感染拡大防止のため、中小企業・個人事業主に対し１事業者につき最大で

30万円の協力金を支給することを決定。RPAの導入により申請書類審査終了後の支払処理業務の効率化を実現し、申請1件当たりの入力にかかる処理時間を12分から2分へと80％以上も短縮している。

またUiPathは、内閣官房新型コロナウイルス感染症対策推進室と、「新型コロナウイルス感染症関連対策に関するロボティック・プロセス・オートメーション（RPA）及びAI等の活用のための共同取組に関する協定」を締結。国民に対する迅速、充実かつ正確な情報提供や、国民からの問い合わせ対応、そして中央府省および地方自治体等が実施する新型コロナウイルス感染症対策関連施策に関して、推進室を通じて実施される迅速な情報提供に対する支援などを内閣官房と共同で検討している。

政府や自治体に限らず、企業においても、RPAを活用できた組織は素早く対応できている。災害や疫病に見舞われた時に、かつてのシステム開発のように、1年後に修正が完了します、というのでは話にならない。明日できます、来週頭にはできますというスピード感が必要になってくる。今回のコロナ禍でまず役に立ったのは、SlackやZoomといった、登録すればすぐに使えるクラウドサービスだった。こういった技術を組み合わせてRPAで自動化することができるかどうかが、今後、企業の浮沈を握ることになるかもしれない。

実はRPAは、ここまで述べてきた4つの課題の解決にも役立てることができる。

レガシーシステムが負の遺産となっている場合でも、RPAを利用することで、レガシーシステムをできるだけ使い、必要な変更はRPAで実現することができる。人間が画面を見ながら行っていた作業をRPAに置き換えれば、レガシーシステムに多大なコストをかけて画面や操作方法を変える必要はなくなり、最終的なアウトプットはRPAで必要に応じて自由に作り変えられるようになる。さらにRPAとアプリケーションが直接つながる形での連携も可能だ。RPAを中心として複数のアプリケーションが連携することもできる。基幹システムは必要な情報だけを扱い、現場で利用するテクノロジーは現場で作る。RPAを活用すれば、そんな運用も可能になり、コストを下げられるだけでなく、本当に現場が欲しいテクノロジーを作り、育てていける可能性がある。

日本政府も、RPAをデジタル化のツールとして検討を進めている。

2020年7月に閣議決定された政府の「経済財政運営と改革の基本方針2020」、いわゆる〝骨太の方針〟にも、初めてRPAという言葉が入れられた。デジタルガバメントの断行についての項目と新しい働き方・暮らし方についての項目において、RPAの活用という方針が打ち出されている。

さらに政府は、行政のデジタル化をけん引する「デジタル庁」創設に向けた基本方針を年内にまとめるように菅義偉首相が指示を出し、２０２１年１月に召集する通常国会に必要な関連法案を提出する方針も明言している。

コロナ禍で浮き彫りになった日本の課題を解決し、デジタルトランスフォーメーションの実現に向けて日本企業の現場の業務を自動化する——それに対する実効的なソリューションがＲＰＡと、それに組み合わせるＡＩなのだ。今、日本が新しい生活様式の中で立ち直っていこうという中、従来の業務を見直し、既存のシステムをつなぐ統括的なデジタルテクノロジーの導入が求められている。ＲＰＡとＡＩは、そのために大いに活用できる。それを提唱して実現するのが私たちのミッションだと思っている。

第 2 章

RPA×AIで日本を元気に

RPAとの出会い

本章では、RPAの歴史と、私自身のRPAとの出会い、そして日本を元気にしたいという想いについて語りたい。

RPAは欧米から始まったと言われるが、実際にRPAが生まれたのは、欧米企業がインドに持つオフショアセンターである。1990年代から、欧米の金融機関は安価な労働力を求め、「簡単で・大量の・単純な繰り返し」の作業をインドのオフショアセンターへ移行し始めた。だがこの時期、テクノロジー投資はこのような単純作業ではなく、ビジネスの成長分野に向けられていた。また、2008年のリーマンショックを契機に、欧米の金融機関はビジネス拡張路線から、コンプライアンス重視、コスト削減の方向に追い込まれることとなる。この2つの理由から、インドのオフショアセンターで行われてきた手作業による大量の定型処理業務には十分なシステム投資がされないケースがあった。そこで、人間に代わってデータ入力を自動的に行える仕組み作りが急務となり、開発されてきたのが後のRPAである。

私自身のRPAとの最初の出会いは、まさにこの頃だ。前職であるバークレイズ銀行でアジアパシフィックCIO（最高情報責任者）を務めていた当時、インドのオフショアセンターで業務の画面操作をロボットに行わせる自動化案件が進んでいるという話を耳にしていた。ただし、実際にツールとしてのRPAに触れたのは、バークレイズグループ日本法人のCOO（最高執行責任者）を務めていた2016年のことだ。すでに開発から10年近くが経過しており、テクノロジーの進化が加速していたことから、RPAは世界の先進企業で利用できるハイレベルなものとなっていた。

これまでは、どんなに新しいシステムが導入されても、システム内で完結できず最後に手元に残る作業があり、この業務量が時間が経つにつれて増えていくのが常だった。私はこうした、システムに取り残された現場の手作業を「ラストワンマイルの業務」と呼んでいる。たとえば私がバークレイズグループに勤めていた頃、為替を円に換算する際に端数を切り捨てにするか、四捨五入にするかなどの処理方法がお客さまによって異なっていたが、これらはシステム上で自動処理することができず、すべて手作業で対応していた。また、システムの集計機能では合計額は出せても平均額を出すことができず、データをエクセルにコピーして計算するといったよくある作業も、これに当てはまる。最後に取り残された手作業は人間が行うしかなく、その作業は増加していった。

過去には、基幹システムなど海外の汎用パッケージを導入する場合には、日本では企業ごとに異なる個別業務のやり方にシステムでは対応できないため、多大な投資をし、本当に必要な機能のほとんどをカスタマイズで追加することもあった。

しかし、ＲＰＡはまさにこのラストワンマイルを自動化できるツールだったのだ。たとえば、毎日画面に向かって多数の項目をデータ入力したり、データをダウンロードしてエクセルで作業・検証し、それをメールで送信したりＰＤＦを作成して顧客に送付するなど、人間が手作業で行ってきた業務をＲＰＡが自動的にやってくれるわけだ。

私は、このテクノロジーはデジタル時代のゲームチェンジのツールになると直感的に確信し、旧知のコンサルティング業界の友人や海外の金融時代の友人から、可能な限りＲＰＡに関する情報を収集し助言を受け、２０１７年2月に、当時はグローバルで１００人もいなかったＵｉＰａｔｈに日本からの最初の社員として入社し、日本でビジネスを始める決断をした。

グローバルの金融機関からの転職は大きな挑戦だったが、ＲＰＡの可能性に賭けてみたくなったのだ。前職の職場でＲＰＡを広めることもできたかもしれないが、日本のためにＲＰＡを推し進めたいと思った。

長い間、外資系金融機関で働いて、また海外の赴任を通じ海外から日本を見てきた私は、海外のソフトウェアの導入が日本でなかなか上手くいかないという事例を数多く見てきたし、自分自身も苦労した。その感覚を経験として知っている自分ならば、日本でのＲＰＡの拡大に貢献できるのではないかとも考えたのだ。

人間を片隅に追いやってきたITシステム

私はこれまで、コンサルティングファームにおいて、また、金融機関でCOO、ＣＩＯとして、30年近くテクノロジーに関わり、ＩＴ戦略立案、開発に携わると共に、それを利用する側としても多くのシステムを自らの目で見てきた。その経験で感じたことは、これまでのシステムはあくまで「システムが中心になって設計され、運用される」ということだった。組織としてシステムがなすべき目標を立ててから実際に利用できるまでには長い時間がかかる。その間にビジネス自体が変化した、構想時の思想がしっかり細部に反映されていない、または設計・導入が十分ではない等の理由によって、でき上がったシステムは当初の目標を満たしていると は言えないことが幾度となくあった。

皆さんも同じような経験はないだろうか。ユーザー主体のシステムを作るという号令のもと、ユーザーと開発側での要件定義に永遠とも感じられる時間を費やし、その時間の中で、いつの間にかユーザーの想いの灯は小さくなり、システム都合に合わせた設計がされていく。さらに開発とテストにも多くの時間を費やし、途中から期日に合わせて導入することが最優先事項となって、いつの間にかわずかに残った灯も消えてなくなる。

さらに、企業にとってＩＴ開発は非常に巨額の投資であることが多く、でき上がったシステムは、たとえ数年にわたる開発の中でユーザーの想いが失われてしまったシステムであったとしても、我慢してそれを5年、6年と利用しなければならない。使い勝手が悪くても、改修は投資効果に見合わないから、そのまま手作業でカバーしてくれと言われる。周辺システムの更新に合わせてその場対応的な改善をしながら、さらに3年利用する。こうして我慢して使い続けた後に待っているのは、システムの再構築のためのすべての入れ替え、または海外のソフトウェアの場合、避けては通れないサポート終了などに伴うシステム更改。ここでもシステム側の都合が優先され、ユーザーの想いが入る隙はほとんどない。

このようなＩＴシステムの一番の課題は、デジタルテクノロジーの進化に企業のシステムが追随するのが難しいことだ。携帯電話でもインターネットが利用できるようになったのは１９９９年のことだが、その8年後にはｉＰｈｏｎｅが登場し携帯電話の役割や使い方だけでなく、ビジネスのあり方まで大きく変わった。ＡＩについても、２０１６年に「ＡｌｐｈａＧｏ」が囲碁のトッププレイヤーに勝利し、２０２０年代のうちにはＡＩが人間の知能を超越するシンギュラリティが訪れると言われている。現代は、テクノロジーの進化が加速している時代なのに、企業のシステムは開発から運用に10年近くもかかる場合があり、最新のデジタルテクノロジーを取り入れていくのは困難だ。「ラン・ザ・ビジネス」であるレガシーシステムの保守に多くのリソースを費やし、「イノベーション」に向ける力は残されていないのが、多くの企業の実情ではないだろうか。

私自身の経験の中でも、印象的な出来事として記憶に残っているものがある。バークレイズ銀行のアジアパシフィックのＣＩＯの時にトレーディング部門の責任者が私のところにやってきて「長谷川さん、あなたのＩＴ予算は10億ドルを超えるのに、どうして私たちが使っているメールボックスの容量は５００ＭＢしかないのですか？　Ｇｍａｉｌは無料で数ＧＢの容量がありますよ」と尋ねたのだ。私は「言っていることは分かるし、私も容量を上げるべきだと思っている。でも、セキュリティの問題もあり簡単にはできない」と答えるのがやっとだった。この時はセキュリティの問題を弁明に使った形だ。過去も現在も金融機関のＩＴ環境には高いセキュリティ基準があるが、この基準の精神を理解せずに画一的な運用がなされることが、デジタル化への大きな足かせのひとつとなっているのは事実だった。

本質的に、テクノロジーは成長に資するべきであるのに、過度のディフェンス意識に邪魔をされ、また今あるものの上に新しいものをうまくつないでいけない仕組みや過去のしがらみから抜け出せないために、その価値を実現できなくなっているのではないか。ビジネスが数カ月単位で変化していく時代に、数年単位で更新するシステムの作り方をしていたのでは勝負にならないだろう。個人が使うスマートフォンの方が、大企業の社内システムよりも機能豊富で使いやすいと数年前から私は感じている。

さらに言えば、仮に最新のデジタルテクノロジーの導入を進めることができたとしても、次々に押し寄せるテクノロジーの波に人間がついていくことができなくなってしまう。テクノロジーの使い方を覚え、ＡＩのモデルの活用の仕方を覚え、アウトプットを理解する。頻繁に利用するメールソフトでさえ、新しい機能がどんどん追加され、すべての機能を仕事に活用するには習得する努力と時間が必要になる。目の前に最新のデジタルテクノロジーがあったとしても、そのすべてを使いこなすのは非常に難しい。

このような経験が契機となって、私は人間とテクノロジーの関係について、この10年ほどずっと考えてきた。これまでのテクノロジーによる自動化と言えば、システムは本来、人間のためのものであるにもかかわらず、いつの間にかシステムが中心となり、人間が片隅に追いやられてしまうものが多かった。システムを中心に物事が決定されてきたわけだ。これでは、システムの利用を通じて人間のモチベーションを高めて組織を活性化していくことは不可能だろう。

これまで企業は、大きなタンカーのようなシステムを作ってきた。同じ方向に進むことはできても、右へ左へ、あるいは後ろへと、機敏に進行方向を変えるのは難しい。そうではなく、大海を泳ぐ魚の群れのように、1匹1匹の魚が変化に素早く対応して動きながら、群れ全体としては調和が取れておりクジラよりも大きな力を持つようなシステムに舵を切る必要があるだろう。実は組織も同じである。能力ある個人が機動的に連携する組織でないと、現在の変化には対応できない。それを可能にするテクノロジーを、システムの基盤にしないといけないのである。

とはいえ、かつてはそのようなデジタルのテクノロジーが存在しなかったのも事実である。

企業のＩＴ部門も、好きこのんで人間を片隅に追いやるようなシステムを作ってきたわけではないのである。テクノロジーの進化によって、組織のあり方も進化していくことが可能になるし、このデジタルのテクノロジーを利用して人材と組織を進化させる必要があるのではないだろうか。

A Robot for Every Person へ

過去のＩＴシステムの課題から言えることは、これからは、人間に優しい、人間の能力を向上させるデジタルのテクノロジーが必須になるということだ。ビジネスを最も分かっている現場、実際に困っている現場、ビジネスを実現するためにテクノロジーを使いこなさないといけない現場が〝ドライビングシート〟に座って、イノベーションをドライブすることが必要であると私は強く感じていた。そしてそのためのソリューションが必要であることも。現場に適切なツールがあれば、大きな変化を生み出すことができるだろう。そこで求められるツールとは、ＩＴの専門家に依頼して作ってもらうのではなく、自分で作ったり、作った後で改善できるものでなくてはならないだろう。そして、現場が使いこなし、現場がもっとパワーを持てるようなものであることが大事だ。また、これまでのＩＴ資産を活用できなければならない。

このように考えていた時に出会ったのが進化を遂げたＲＰＡだったのである。私はこのテクノロジーを見て、まだまだ十分でないところはあるが、これからのデジタルトランスフォーメーションに欠かせない、現場がデジタルを使いこなすために必要なテクノロジーだと感じた。

２０１７年2月にＵｉＰａｔｈ日本法人を設立しＲＰＡのビジネスを開始した時点では、日本のＲＰＡは欧米に対して周回遅れで、追いつくのに1～2年かかるのではとも思っていた。もともとＲＰＡは、インドのオフショアセンターでの「簡単・大量・単純な繰り返し」の手作業を自動化するために開発されたツールだと述べた。単純な大量の業務を自動的に処理していく、言わば「センター型」のＲＰＡだ。まず分かったことは、これだけでは日本では通用しないということだ。日本企業の仕事における手作業の多くは「複雑で・少量で・多様（分岐のある繰り返し）」という特徴を持っている。従来型のＲＰＡでは日本企業のニーズを満たしきれず、このままでは、グローバルスタンダードという名のもとで製品の押しつけとなり、日本の現場に本当に喜んではもらえないと感じた。

だが、日本でＲＰＡの普及に乗り出してみると、とてもワクワクするようなことに出会った。「複雑・少量・多様」の業務を、業務の改善と共に全面的に自動化し、現場を助け、鼓舞して、ひとりひとりがＲＰＡのロボットの使い手となり、デジタルトランスフォーメーションを加速したいと本気で考えている経営者と企業があることを知ったのだ。

私は、ＲＰＡがそれらの企業に認めてもらえ、ＲＰＡのソフトウェアが日本のニーズに合わせるように改良されることで、全社レベルでのＲＰＡによる自動化に成功してもらうための支援ができれば、日本に役立ち、日本をもう一度元気にできるだけではなく、その成功と実績でグローバルの競争でもリーダーとなれると確信した。

私が日本を最重要拠点とすべきだと考えた理由のひとつは、日本が課題先進国であるということだ。少子高齢化、労働人口の減少に加え日本での生産性の低下を新しい自動化によって解決することはナショナルニーズであり、さらに、アジア諸国や欧米諸国が同じ課題にいずれ直面した時に、日本での自動化のチャレンジの経験と成功の実績が、必ず世界諸国に共有でき、貢献できると思った。

もうひとつの理由は、日本の「おもてなしの心」と「品質に対する強いこだわり」だ。相手のことを心から思って気持ちの入ったサービスをする精神が「おもてなしの心」として日本のサービスの現場にはあり、これがサービスレベルの高さにつながっている。また「品質に対する強いこだわり」があり、現場に完璧な正確性が要求される。特にモノ作りの現場では、継続的なプロセスの改善によって、品質の向上、コストの削減を実現してきた実績がある。

この日本の現場の素晴らしさが、30年前には日本がナンバーワンと言われるほどの強さの源となったが、残念ながら現代のビジネス社会では生産性を妨げることになっていないだろうか。私が子どもの頃は、テレビを見て、コマーシャルで欲しいものがあると週末に両親にデパートに連れていってもらい、玩具などを買ってもらうのが楽しみだった。今ではテレビで流れるコマーシャルだけが動機になるのではなく、インターネット、SNS等、様々なチャネルで、プロモーションとそれに紐づいた購買活動が行われる。たとえば、そのようなチャネル単位に、営業支援の現場が手作業でおもてなしのサービスと品質に対する強いこだわりを実現することは難しく、圧倒的に増えてきた情報量に付随して増加する手作業に現場が疲弊している。そこに、業務の見直しと、現場を助けるデジタルテクノロジーであるRPAによる自動化を、スケールを持って導入することで、日本の現場を元気にできないかと考えた。

日本で要求される業務プロセスの多様性と品質に応え得るレベルにまでRPA製品やサービスを鍛え上げ、使いやすく、日本の現場で喜んで使ってもらうことができれば、その製品とサービスは世界中で支持されるはずである。

「簡単で・大量の・単純な繰り返し」だけではなく、「複雑で・少量で・多様（分岐のある繰り返こと）」な業務に対応する日本発のＲＰＡは、間違いなく世界の標準になる、このＲＰＡを作ることが、グローバルでも確実に評価される秘訣だ、と考えたのだ。

そこで私は、日本を製品開発投資の最重要拠点とするよう、ＵｉＰａｔｈの共同創立者兼グローバルＣＥＯであるダニエル・ディネスを説得し、それを実現することにした。ダニエルは『ノルウェイの森』を熟読する村上春樹の大ファンで、ジェームズ・クラベルの小説『将軍』やテレビドラマから、江戸時代からの今までの日本の歴史、さらに日本文化にとても興味を持っていた。私も村上春樹の読者で歴史好きだが、彼の村上春樹論は私を凌駕し、また、自分なりの日本文化論を語るような人物だ。この不思議な縁に恵まれたという面もあるだろう。

従来のシステムのための自動化、自動化のための自動化ではなく、またこれまでの「センター型」のＲＰＡだけではなく、現場で働く人間ひとりひとりが主体性を持って取り組み、ひとりひとりを生かすための自動化、言わば「ホワイトカラー型」のＲＰＡこそが、現場が必要とし、企業と日本を再び元気にすると考え、日本でのお客さまとの自動化のジャーニーが始まった。このＲＰＡのジャーニーを始めてすぐに、ＲＰＡとＡＩは親和性が非常に高く、ＲＰＡをより使ってもらうためにはＡＩが欠かせないと身をもって感じ、グローバルだけではなく日本発のＡＩカンパニーとも積極的に現場レベルで協業を始めることにした。

今、UiPathがグローバルビジョンとして掲げている「A Robot for Every Person――ひとりひとりがロボットを使いこなす」は、日本のUiPathのビジョンがグローバルのビジョンとなったものだ。

これには、ちょっとした笑い話がある。私は日本で、お客さまの経営者やプロジェクトのリーダーの方から強いインスピレーションを受けて、ひとりひとり、すべての人がロボットを使いこなすようになって欲しいという思いからこのコンセプトを作り、日本では当初、「Robot for Everyone」と呼んでいた。しかしUiPathのグローバル全体でこのビジョンを採用すると決定した時に、UiPathのグローバルのCMO（最高マーケティング責任者）から、英語でひとりひとりはeveryoneではなくevery personが正しいと諭され、今では日本のビジョンが〝正しい英語〟で「A Robot for Every Person」となり、グローバルビジョンへと成長した。グローバル企業において、日本でのビジョンがグローバルビジョンとして採用されることからも、日本でのRPAへのニーズがいかに高く、またいかに示唆に富んでいるか、感じ取っていただけるのではないだろうか。

現場に神宿る

私は、「現場に神宿る」という言葉が大好きだ。日本の強さは、たゆまず業務を改善し続ける創意工夫の文化を持つ現場にある。その文化は、「カイゼン」として、世界にも大きな影響を与えてきた。その現場をRPAによって強化し、輝かせるよう支援することが私たちの使命だととらえている。日本企業の特徴であり武器でもあるおもてなしの精神と品質への強いこだわりは、現場によって支えられてきたものだ。老若男女を問わず、社員ひとりひとりの中におもてなしの精神が息づき、お客さまのためにより良い仕事を追求してきたのだ。現場に雑多な仕事や不要な業務プロセスが増え続ける中でも、職人技でエクセルを使いこなすことで、なんとか現場を回してきた。

しかし、現場が業務を改善したい、効率化したいと思っても、ことITシステムに関わるものだと、前例がないとか、全社で標準化した業務プロセスに当てはまらないとか、多大な費用がかかるといった壁が立ちはだかって実現できないこともある。それでも、技術革新によって、従来のITシステムほど大きな費用がかからず、現場の人たちが中心となって実現できるRP

Aの登場により、壁は薄くなってきている。個別最適にならず、全体を見ながら、あたかもパズルのピースを埋めていくように自動化を積み重ねてデジタルトランスフォーメーションを進める手法もあるはずだ。現場の力を生かせる可能性が高まってきているのだ。

業務改革では、業務の標準化がテーマになることも多いが、私は、先に標準を決めてそれに業務を当てはめるというやり方が適さないケースが増えていると思っている。標準化とは後からついてくるもので、まず実際にやってみて、上手くいったやり方が広まっていくことで事実上の標準、すなわちガイドラインとして受け入れられていくものだ。ましてや、業務環境から経営戦略まで、今は変化の激しい時代だ。従来のシステム開発のような、まず計画を立案してそれを実行するという計画先行だけではなく、まず現場を知り、変化を感じ、そして素早く行動することが重要なケースが多い。そして現場から生まれた良い改善を全社で共有して利用・展開し、効果を上げたものを残していくことがより重要だ。

このように行動するためには、現場の個々人の課題設定力や課題解決力が問われることになる。それには、強い個人が必要になる。日本企業も、個々の人間の能力が、より強く発揮されるようにしていかなければならないだろう。サッカーにたとえれば、パスを回すばかりではなく、ゴールを攻めて点を取らなければ勝てない。またディフェンスも攻撃に参加することにより、フォワードとディフェンスがお互いのカバー範囲を厚くする。オーケストラなら、個々の奏者がそれぞれ個性ある音色を奏で合い、さらに指揮者がそこからハーモニーを引き出す。個々の奏者が優れた演奏家でなければ良いハーモニーは生まれない。このような強い個人でなければ、時代の先端を走ることはできない。そのためにはツールが必要だ。精神論だけではできるはずがない。個人の力をパワーアップしてくれるのがテクノロジーの役割だ。

さらに強い個人がつながって相乗効果を生めば、強い現場のチームになり、組織全体へと広がりを見せる。日本の現場がＲＰＡをはじめとするデジタルのツールを手にして強いチームとなりセル状に会社全体に広がれば、「複雑・少量・多様」な業務も会社レベルで調和を取って自動化できる。そうすれば、作業負担は大幅に軽減できる一方で、世界トップクラスのおもてなしを加味したサービスが再び提供できるようになる。強い個人、強い現場こそが、日本を元気にするのだ。人に優しいデジタルテクノロジーの有効活用と強い個人と現場を作ることは、切り離せないはずだ。

現場に神を宿らせる

デジタルの時代とは、言い換えればデータ中心主義の時代である。データをもとに、様々な機能を持ったＡＩが出現する時代でもある。ビッグデータも確かに大事だが、問題意識を持った現場の人間が本当に必要と感じるデータをすぐに収集して分析・判断し、それに基づいて実行できることが重要だ。

シャーロック・ホームズの推理がここで参考になるかもしれない。彼は、起きたことだけでなく、起きるべきことが起きなかった点まで、現場の観察を徹底的に行うことから事件を探る。その後、自分の仮説に必要なデータを手に入れて解決に導いていく。そのようにして本質的な情報を理解できれば、それに関連する情報を迅速に収集し、課題の発見と解決につながる。それと同じで、莫大なビッグデータを時間をかけて分析することも有用だが、人間の経験に基づく推察と優れた洞察を支援するために、現場の人間の分析と判断に必要な情報を迅速に得られる仕組みを、日本の現場に提供できればと思っている。

大規模なデータベースを構築して専門家が時間をかけて分析する課題発見だけではなく、前述のように現場の人間が立てた仮説を、各部署に散らばっているエクセルのファイルを数十ファイルその場で集めて瞬時にデータ処理をして確認し、分析したデータをもとに上司と相談して、すぐアクションを起こす。こういうことが、RPAならできる。RPAのプロセスパワーを持つことにより、データを身近なものにし、個人が有効な分析を行えるようになるのだ。それにAIを組み合わせたら、メールやテキストの文章などの非定型のデータも取り扱えるようになる。データの利用方法も、大きく変わっていくのである。

現代のような、変化が激しく社会の将来の予測をすることが難しい時代を指して「VUCAの時代」と言う。VUCAとは、Volatility（変動性）、Uncertainty（不確実性）、Complexity（複雑性）、Ambiguity（曖昧性）の略だが、このVUCAの時代においては、「OODAループ」のコンセプトが欠かせない。OODAとは、Observe（観察）、Orient（適応・見定め）、Decide（決定）、Act（実行）というステップで物事を進める考え方のことだ。計画を立ててから行動に移す従来型のPDCAサイクルとは違い、OODAループでは、変わりゆく状況を見極めながら行動を起こし、臨機応変に対応する。

RPAが実現する迅速性や柔軟性は、このOODAループの考え方と非常に親和性が高い。変化の激しい時代に現場の機動力を損なわせず、現場が変化に素早く対応することを後押しするテクノロジーがＲＰＡなのだ。

技術が進化しても、それを使いこなすのは人間であり、何度も述べてきたように、テクノロジーは人間中心、そして人間に優しいことが重要だ。そのようなツールの存在が、デジタル化に踏み出せるきっかけの一歩になる。新しいツールが身近にあって試せるようにしておくことが大事だ。新しいツールには緊張するかもしれないが、一歩を踏み出すワクワク感が原動力にもなる。

そして、実際に業務を改善できた経験が、デジタル化をさらに進めていく力になる。それまでＩＴには詳しくなかった人がＲＰＡを学んでロボットを作ったことで会社や同僚に貢献できたという喜びや、それまで現場からの苦情ばかりに対応していたエンジニアがロボットで現場の作業を自動化することで感謝された経験が、デジタル化を進めていくのである。

コロナ禍で、1億総デジタル化と言えるほど多くの人がＺｏｏｍやＴｅａｍｓなどのリモートでのウェブ会議を経験し、Ｕｂｅｒ　Ｅａｔｓやタクシー宅配を利用して複数の店舗から料理をオーダーして家庭で楽しむなど、普段では経験しないであろうデジタル体験をした。このことをデジタル化のきっかけにできるのではないだろうか。これまでも、日本の現場は危機に際して業務の仕方を変えて立ち上がってきた。経営者が今やるべきことは、ＲＰＡを中心に様々なＡＩがつながることで実現するデジタル時代の働き方を、現場に素早く本気で浸透させることだろう。

日本には、もうひとつ隠れた強みがある。それはエンパシー。英語ではよく「他人の靴を履いてみる」と表現される。他人の思いや感情をあたかも自分のことのように想像して感じる力である。エンパシーは、強みにも弱みにもなるが、コロナと共に生きる非対面・非接触がより求められるデジタルの時代には、エンパシーがデジタルトランスフォーメーションを成功させる秘訣になるのではないか。２０１１年の東日本大震災の時の助け合い、また今回のコロナ禍での日本人の節度ある行動など、大きな危機の時や急速な変革時にはこれがプラスとして働くような気がしてならない。顧客の心を打つのは、ちょっとした顧客へのいたわりの言葉や、そのニュアンスから伝わる温かみ、そしてお客さまの視点を意識できる、顔の見える製品作りではないだろうか。

ＲＰＡやＡＩを実務に生かして成功するためには、現場の力、現場を知っている社員の知恵が不可欠だ。利己ではなく利他の精神、つまりエンパシーを持った強い個人が、良いものを発想し、作り、共有することで、組織を強くする。

真に求められている自動化は、ＩＴ専門家による整った設計図によるものではなく、現場目線を生かして作られることが大切だ。「現場に神宿る」は、ＲＰＡの導入を成功に導くための大切なキーワードと言える。

人間はより創造的な仕事を

ＲＰＡの今後の進化については第４章で詳述するが、これからは、人間を今以上に助けるため、人間を今以上に強くするための「人間に優しいデジタル」でなければ存在意義がないと考えている。ＲＰＡはキーボード作業から人間を解放してくれる。それだけではなく、たとえば、ガンダムのモビルスーツのように、あるいは人間がロケットスーツを着ることで空を飛ぶことができるように、ＲＰＡやＡＩを使いこなすことで、今以上に付加価値の高い仕事ができるようになる。人間が自分の創意工夫をより生かせるようなツールであるべきだと考えている。

人間が中心となり、ＲＰＡやＡＩなどの最新ツールを既存のシステムと組み合わせ、仕事のやり方を人間にとってより良いものに変えていく。ＲＰＡ導入の真の目的も、ＲＰＡを使うこと自体ではなく、ＲＰＡを使いこなせるデジタル人財を育成することにある。あくまで人間が中心にあることを忘れてはならない。

自動化が進むと、人間の仕事が奪われるという懸念を示す声も根強い。しかし、決してそうではないと私は断言する。たとえば、難しさが1から10までの業務があったとすると、RPAが担うのはそのうちの1から4までであり、人間の仕事がなくなることにはつながらない。そして、1から4までをRPAが自動化してくれると、人間には新たに時間が生まれ、5〜10の業務に集中し、よりクオリティの高い成果を目指すことができるのだ。さらにAIも使って5〜7の作業も自動化すれば、コミュニケーションや創造的なアイデアを出す8〜10の作業にさらに集中していけるだろう。

人間は、より創造的な仕事を行うべきである。人間が機械のような業務を強いられていては、人間の心を維持できないだろう。

1700社のお客さまとの取り組みで分かったこと

2017年2月にUiPathの日本法人が立ち上がり、それから3年で、国内のユーザー企業数は1700社へと急速に拡大した。とはいえ、RPAを導入したものの、現場で塩漬けになっているケースや、RPAの持つ力を十分に生かせていないケースも少なくないのが現実だ。成功させるには、いくつかのハードルがあることも忘れてはならない。

私が、実際のプロジェクトでお客さまから学んだことは、RPAの導入時には、次の2つの大きいハードルがあるということだ。それが「魔法の杖問題」と、「過去のEUC（エンドユーザーコンピューティング）の悲劇問題」だ。

「魔法の杖問題」とは、他社の成功事例の結果だけに目を奪われ、RPAさえ導入すれば何でもできると、経営者が過信してしまうことだ。経営者はかけ声だけで本気のコミットメントもなく、中間管理層に丸投げするような導入では成功はおぼつかない。少なくとも次の3点は検討しておく必要があるだろう。

1つ目は、「やめる、変える、そして自動化する業務の中でのRPAによる自動化」である。なぜこの業務をしているかという理解や業務整理をしないままRPAを導入しても効果は上がらない。RPAありきで闇雲に自動化するのではなく、まず業務を見直すことが先だ。やめる、変える、そして自動化するという選択肢の中で、RPAによる自動化を考える必要がある。これまでITによる自動化から取り残された業務では特に、RPAによる自動化を契機とした業務の見直しによって、やめる作業が洗い出され、それだけで効果が上がるケースもある。

2つ目は「英作文ではなく英借文」で表わされる共有の思想と仕組みだ。私は、RPAは英作文ではなく〝英借文〟であるべきだと思っている。大学受験の時に予備校の英語の講師から、「長谷川君、英語が母国語でない君は、自分で英作文するのではなくネイティブが作った良い英語をどう使うか考えなさい。そのためにまず構文を理解しなさい」と言われた。ＩＴ技術者でないビジネスの現場で全員がゼロから毎回自分で作るのではなく、似たような処理をする部品は共通化しておく、ＵｉＰａｔｈの認定パートナー企業の専門家が作ったロボットの部品を使わせてもらうという作り方も有効だ。同じ画面からデータを取得する等、同じ処理は共通部品にしておけば、ロボットが利用するシステムに変更があった時に対応がしやすくなる。たとえばユーザーが知らないところでシステムの画面が大幅に変わっても、１つの部品を変えればいいことになる。ある会社で各部署で会計情報入力のＲＰＡのロボットを作っており、10台以上のロボットが機能していた。ある日、ＩＴ管理者も把握できないまま会計情報の入力画面が大幅に変更され10台以上のロボットが止まったとする。この時、この10台のロボットが全て同じ共通部品で会計情報入力画面にアクセスしていれば、朝一で最初のロボットが止まった段階で共通部品を直し、他のロボットは影響なく動かすことができる。修正が間に合わなかったとしても、各部署は画面の変更によりロボットが止まるという連絡を受けて準備ができる。逆に、10台のロボットが別々の部品を使っていて管理もされていないとすべての部署が被害を受け、それぞれ時間を使ってロボットが止まった原因を調べ、対応することになってしまう。このようなことが重なると現場で使われなくなってしまう。自分自身の反省も含めてだが、ITプログラマーが自分でプログラミングせずに他人のプログラムを上手く使いこなすのは、闇夜に針の穴を通すより難しいというたとえはよく使われる。ITの世界でも共有を徹底させるのは難しいものだった。現場では、共有文化を推し進めて欲しい。

3つ目は「小さく産んで大きく育てる」だ。いきなり全社的にRPAを導入するのではなく、ひとりから課の規模でまずは実際に使ってみて、効果が上がれば標準化してガバナンスを効かせ、部、全社レベルへとRPAを広げていく。こうした柔軟性がRPAのメリットであると思う。現場が使い、効果を実感し、スケールさせることができる。また、最初は外部の専門家の知見を使う必要があるかもしれないが、RPAを真に成功させるためには、組織の中にRPAを理解し、組織の課題を理解し、周囲に共感を広めていける人の存在が不可欠だ。つまり、RPAができること、できないこと、そしてRPAを使ってやっていきたいことを、自らの言葉で語り共感を呼ぶことのできる熱意を持った人が必要で、たとえば、そういう人たちが最初は5人でグループを作り、その人たちがコアとなって20人のコミュニティができ、その輪が、部、全社へ広がっていくこと、そして彼らの思いが伝播する仕組みを作ることが必要だと思う。最初のエンジンはトップダウンだが、ボトムアップが個人と組織の本気度を上げるのだ。最近、特に欧米では、最初から大規模にRPAを導入して効果を上げるケースが非常に増えてきている。その場合でも、私は上記の精神は必要だと思っている。欧米の場合は、他社の成功経験を上手く取り入れることで、全社にスケールさせる時間を短くしているのだ。

もうひとつのハードルは「過去のEUCの悲劇問題」である。RPAをエクセルやロータスノーツのマクロにおけるEUCと同じようなものだと誤解して敬遠してしまうことだ。過去に集計や分析ツールとしてユーザーが開発したマクロが増え過ぎ、IT部門がその管理に苦労した会社は多い。だが最新のRPAはすべてのロボットを管理するツールを提供しており、基幹システムとの連携においても利用されている。むしろ基幹システムとは非常に相性が良く、基幹システムの標準機能だけでは処理しきれない例外事項に対応することや、基幹システムが老朽化してユーザーインターフェースが使いにくいところでRPAが効果を生むという、エンタープライズで生かせる特性があることをぜひ理解してほしい。新しい大規模システムを戦略システムとしてこれから構築するのなら、基幹の部分とデジタルを活用すべき部分とを切り分ける思想もこれからは不可欠であろう。欧米の先進企業のように経営者の近くにいるCIOがRPA等の新しいデジタルテクノロジーを理解しており、その取り組みに積極的で、基幹システムとの相乗効果を考えてテクノロジー全体の投資にアプローチしている場合は、RPAによる成果も大きいはずだ。

RPAの導入には、今述べた2つ以外にもハードルが存在するだろう。ただ総じてこれらのハードルは従来のシステム開発に比べれば高くなく、時間、コスト、また投資効果において、より効果的な場合が多いと私は思っている。

こうしたハードルを乗り越え、RPAの導入プロジェクトを成功させるためにはどうすれば良いのだろうか。

成功企業には、ある共通項がある。それは、「経営者が本当の意味で組織の殻を破っている」ことだ。過去の成功体験を生かしつつも、新しい取り組みを本気で推進していることだ。今後も新しいテクノロジーが次々と登場してくることは間違いない。過去の成功体験だけにしがみついていては、あっという間に置いていかれてしまう。その危機を本気で受け止め、「本当の意味で組織の殻を破る」。UiPathの先進的なユーザー企業からはその想いを強く感じている。これらの経営者の強みは、社内に強く根気良く自分の本気度を発信していることだ。これが現場にインスピレーションを与えテクノロジーを通じた動機づけをしている。そのことによって、現場が動き始めている。

今後、ＲＰＡとＡＩを使いこなす人財が中心になって社会全体の殻を破ることが、これからの日本にとって重要なアジェンダになっていくだろう。ＲＰＡとＡＩというテクノロジーを使いこなせる現場のデジタル人財が日本を元気にできると信じている。

第 3 章

RPAで課題を突破する

人間に代わってPCの操作を行ってくれる自動化技術

まずは、RPAの基本についておさらいしよう。

RPAとは、「Robotic Process Automation（ロボティック・プロセス・オートメーション）」の略で、〝ロボット〟によって仕事を自動化してくれるソフトウェアだ。RPAで言うロボットとは、機械のロボットではなく、PCやサーバー上で動作するソフトウェアのロボットである。

PCの中に、もうひとりのあなたがいると仮定して欲しい。PCの中のあなたが、普段やっている仕事を覚えて、あなたの代わりにウェブサイトから情報収集してエクセルに入力したり、毎日のメールによる連絡をしてくれるようになったらどうだろうか。仕事の効率がかなり上がるのではないだろうか。このように、PCにおける人間の操作をRPAのロボットが代わりに行ってくれるのだ。

なぜ〝ロボット〟という言葉が使われるのか。これは、人間が画面を見てPCで行う作業を、RPAの〝ロボット〟があたかも人間のように実行してくれるからである。私はそれに、ドラえもんのような「人に寄り添うパートナー」というイメージが、RPAのロボットにぴったり合うという点も付け加えたい。

最新のRPAでは、使用しているアプリケーションとの連携によってテキストボックスやボタンを正確に認識し、キーボード入力やマウス操作をすることができる。さらにAIを用いて画面の構成要素をあたかも人間が目で認識するかのように特定することもできる。

私は、AIのことを人工知能と呼ぶように、RPAにも良い日本語訳ができればいいと思っている。デジタルロボット、自動ロボットとも考えているが、なかなかしっくり来ない。いい日本語のネーミングがあれば良いと思う。

従来のITソフトウェアにも、仕事を自動化できるものはあった。だが、エクセルのマクロ機能のように、ひとつのソフトウェアの中での自動化に留まっていたり、複数のソフトウェアを組み合わせて自動化するには本格的なプログラミング作業やシステム開発が必要となったりしていた。RPAは、それらとは次元の違う自動化を実現してくれる。各種業務システムを「つなぐ」役割を担い、企業システム群全体を1つの大きなシステムに進化させ、さらにはAIとも連携できる拡張性の高い自動化ツールなのだ。

ＲＰＡの効果が最も感じられるのが、同じ作業を毎日、毎週毎月行わなければならないような定型業務だ。

普段どんな作業をオフィスでしているか思い返してみれば、意外なまでに定型業務に時間と労力を費やしていることに気づく人も多いことだろう。

たとえば、社外との取引の記帳の処理。毎日、取引先からＦＡＸで届く発注書やメールに添付されてくる請求書のファイルを開き、その内容を社内の業務システムに入力し直して登録し、届いた発注書や請求書はルールに従ってファイル名を変更し決められた場所に保管する。業界で共通の受発注システムを利用している場合でも、社内のシステムときちん連携されているとは限らないため、両方のシステムに同じ内容を入力しなければならなかったりする。さらに、社内や部署内での記録用に、同じ内容のエクセルファイルを作成しなければならないという人も多いだろう。

交通費精算では、記録をもとに移動経路と手段と費用を入力しなければならないが、交通費をいちいちメモしている場合は少なく、ウェブサイト等で調べて入力することになる。また総務や経理で内容をダブルチェックするケースさえある。

毎朝、いくつかのウェブサイトを巡回し、素材や製品などの市況をチェックしてレポートを作成して社内の関係者にメールで送らなければならないという人もいるだろう。

このように、オフィスでの日常は同じ情報を別のシステムに転記したり、複数のシステムに重複入力しなければならない作業や、いちいちウェブサイトを開いて調べ、入力しなければばならない作業にあふれているのではないだろうか。ひとつひとつの作業にかかる時間は長くなくとも、単調で入力ミスを犯さないように気をつけないといけない作業は大きなストレスのもとになっている。しかもそれを、繰り返し繰り返し行い続けなければならないのだ。どうしてこんな面倒な作業が増えたのかと、不思議に思っている人も多いだろう。

RPAは、こういった単調な反復作業を、クリックひとつで実行してくれる。エクセルを起動し、ファイルを開いてセルのデータを読み込み、その数値を業務システムの入力欄に入力するなど、あらかじめ人間が定義した指示に従い、PCで行う作業を自動的に実行することが可能だ。人間が1時間かけて行っていた作業でも、ロボットならばほんの数秒から数十秒で処理を完了させることができる。

具体的な自動化の例としては、先にも挙げたような経費精算や受注管理、請求書作成、アンケート集計、情報収集など、普段はエクセルやウェブブラウザ、業務アプリケーション等を使って行ってきた作業がある。これらをロボットに覚えさせ、人間の代わりに入力や値のチェック、情報取得といった作業を自動的に実行してくれるのがRPAだ。

プログラミング技術は不要、業務が分かっていればロボットは作れる

RPAの大きな特徴のひとつが、導入に当たって、特別な言語によるプログラミングが必要ないことだ。だから、ITやプログラミングに詳しくないビジネス現場の人でも、比較的簡単にロボットを作ることができる。

ロボットを作るには、PC画面上のどこで、どのような操作を、どのような順番で行うか、ひとつひとつの操作を指定していく。業務の画面操作をロボットに「覚えさせる」というイメージだ。簡単なロボットなら、人間のPC操作を記録するレコーディング機能を使って自動化の大枠を作ることができる。判断を伴う分岐や細かい作業工程がある場合は、作業フローを表したフローチャートに、ロボットにやらせる作業の〝部品〟のアイコンを追加してつないでいくことによって正確な作業を覚えさせることができる。

このようなプログラミングをローコード（コード、すなわちプログラム言語によるプログラミングが

最小限の意味）と呼ぶが、通常のプログラミングに比べると学習の敷居が極めて低い。そのため、簡単な自動化であれば、少しの学習ですぐにロボットを作ることができるようになる。ＲＰＡは、従来のシステム開発よりも迅速に導入することができ、現場の業務に即した自動化を実現しやすいのだ。

一度作ったロボットの修正も簡単にできるので、業務の変化や環境の変化にも簡単に対応できる。また、似たような用途なら、ある部署で作ったロボットを別の部署の作業に合うように改変して利用することもできる。私は、「英作文ではなく〝英借文〟」というたとえをよくしているが、ロボットを一から作るのではなく、すでに稼働しているロボットを用途に応じて改良するようにすれば、ロボットを作る敷居をさらに低くすることができる。

現場で働く人が自らロボットを作れば、自動化だけではないメリットも生まれる。これまでは、業務を自動化するにはＩＴの専門家に依頼するしかなかった。しかし、実際の業務を知らない人に依頼したい内容を説明するだけでも大変だし、思い通りのものに仕上げていくには何度もやり取りをしなければならず、そのたびに時間と手間と費用がかかってしまう。

自分で自動化できるなら、トライ＆エラーを繰り返す必要はあるかもしれないが、思い通りに自動化できる上、今ある業務をそのまま自動化するだけでなく、自動化によって得られるメリットを最大化するように業務の仕方を見直しながら自動化を実現できる。ここが、従来のシステム開発とは圧倒的に違う点だ。業務のデジタル化には、ビジネスとテクノロジーの両方をよく知る必要があったが、ＲＰＡは、テクノロジーに関しては最小限の知識でそれを可能にしてくれる。まさに、現場で働く人のための自動化ツールと言えるだろう。

ＲＰＡに向いている業務とは

ＰＣ作業の自動化というと、請求書の処理などの事務作業をイメージしやすいが、実際にはＰＣ上で実行されるほとんどの作業の自動化に対応できる。とはいえ、人間とロボットにはそれぞれ得意・不得意分野があり、膨大な業務プロセスの中からロボットが得意な作業、ロボットにやらせた方が良い作業を探すことが自動化を進める最初の一歩となる。

それでは、ＲＰＡを使った自動化に適している業務はどのようなものだろう。先述のように、繰り返し行う反復業務や、ルールに基づいて処理できる単純業務などはＲＰＡによる自動化に最も適している。人間が日々会社で行っている業務プロセスは細かい作業の組み合わせによって成り立っているが、システムにデータを入力する、データを加工して送付するなど、作業を分解してロボットに指示することが、自動化を成功させるカギとなるだろう。

人間がＰＣの画面上で行う操作の中で、特にロボットが得意とする代表的な処理には、次の７つが挙げられる。

◆入力——データやテキストを入力する

オフィスでの事務作業で最も面倒なもののひとつが、入力作業だろう。社内システム、ビジネスアプリケーション、ウェブアプリケーションなどで、画面上にデータやテキストを入力する操作は数多いが、これを自動化できる。

◆転記——データやテキストを転記する

これも年々増えている作業だろう。ひとつのシステムからデータをコピーして別のシステムにペーストする。やったことがある人ならご存じだろうが、コピーする場所、ペーストする場所を間違えないように作業をするのはたいへん神経を使う。ＲＰＡを使えば、入力済みのシステムから別のシステムに自動的に転記できる。もちろん、転記ミスもなくすことができる。

◆照合・突合——情報を比較し照合する

届いた請求書と発注データとの照合、出退勤管理システムと入退室管理システム等、異なるシステムから情報を収集し、内容を比較して違いがないか確認するという作業も、神経を使う仕事だ。これも、ＲＰＡで自動化できる。

◆情報収集——情報を取得し登録する

ウェブサイトから情報を取得する、あるいは社員がスマートフォンからメモを送る等、情報の入手経路は飛躍的に多くなったが、得た情報もエクセル等のアプリケーションやシステムに登録しなければ利用しようがない。ＲＰＡは、情報の取得から入力までを自動化できる。決まったウェブサイトからの定期的な情報収集が必要なら、それも自動化することができる。

◆モニタリング——異常を検知して報告する

監視システム等のデータを24時間監視し、異常を検知した場合にユーザーに報告する作業もＲＰＡで自動化できる。定期的にデータを確認する手間が不要になる上、異常発生時の対応の遅れを防ぐことにもつながる。

◆送付――情報を収集して送る

社内外のシステムから情報を収集し、加工して誰かに送るという仕事にも、定型作業の部分は意外と多いものだ。問い合わせを受けた際等に必要な情報を収集して回答を送る、定期的に情報を収集してレポートとして送付する、内容が毎回同じ見積書や請求書を発行して送付するなどの作業の場合、ＲＰＡで自動化できることも多いのだ。

◆集約・加工――データを集約・加工する

システムから収集したデータを、ルールに基づいて集約・加工する操作もＲＰＡで自動化できる。集計作業や仕訳、データの整理といった時間のかかる作業を自動化することで、ミスなく迅速な処理が可能になる。

ここに挙げたのは、ＲＰＡの初級編と言える利用方法だが、これらのいくつかを組み合わせるだけでも、オフィスの業務のかなりの部分を自動化できることは、容易に想像できるだろう。ＲＰＡによる自動化は、これらの範囲に収まるものではない。多数のロボットを連携させれば、大規模なバックオフィス業務を完全自動化することもできるし、システムとシステムをつなぐ作業が得意なため、ＡＩやＩｏＴなど、様々なデジタルツールをシステムにつないで新しいデジタルの使い方を創出することもできる。実際に、国内外の先進企業には、ＲＰＡをフルに活用することを前提にした新しい業務プロセスへの全面移行を着々と進めているところも少なくない。

なぜ今、ＲＰＡを使いこなす自動化なのか

ＲＰＡは非常にシンプルなツールであるが、人間に寄り添うツールである。たとえば、グローバルで小売事業を展開するある企業では、数千ある店舗の各店長が、目標達成に向けた対応プラン策定のために、複数のシステム、複数の画面から販売状況の確認データの収集・加工を毎週のように行っている。だが、ＲＰＡが人間の代わりにシステムの操作をしてくれれば、店長がＲＰＡの使い方さえ分かっていれば、すぐに対応プランが策定でき、削減した時間に社員やお客さまの声を聞くという仕事を始めることができる。

振り返ってみれば、ＩＴは実に様々な仕事を〝自動化〟してくれてきた。会社の業務システムには、モノの流れとお金の流れを統一して管理して、限りなくリアルタイムに近い形で状況

を把握できるようにしてくれるものもある。かつては営業管理や資材管理、経理業務においても何十人もの人が伝票処理と計算に明け暮れ、それでも月次の数字を出すのが精一杯という時代があったことは、今では想像もできない。これらのＩＴによる〝自動化〟による恩恵は計り知れない。

それでもなお、いや、それだからこそと言うべきかもしれない。今度は、複数のＩＴシステムを使いこなすために、人はＰＣの前に貼り付いて入力作業やデータの加工作業に追われることになってしまってはいないだろうか。基幹システム、営業管理システム、人事管理システム、経理サブシステム、マーケティングシステム等、ＩＴシステムが増えてくると、連携を完全に確保するのは現実的に難しい。そのために、人間がいくつものシステムを使いこなし、手作業でシステム間を連携させないといけなくなったのではないか。こうして、ＩＴ化の中で生み出してしまった新たな作業が自動化できなければ、生産性を上げるのが難しいのではないか。企業の生産性も、ＩＴ化を推し進めていたにもかかわらず、２００４年頃から伸びが低下して、「生産性のパラドックス」とも呼ばれている。

だからこそ、今、ＲＰＡを使いこなすことが必要なのだ。ＲＰＡは、ＩＴによって増えてしまった人間の作業、すなわち単純作業や反復作業、重複作業など、人間がやる必要のない作業や人間性を損なうような作業を簡単に自動化してくれるツールだ。言わば、停滞期に入っていたITによる〝自動化〟に再び火を入れ、圧倒的な効果を生み出すツールなのである。

RPAには、先に挙げたプログラミング不要という点以外にも、ほかのITシステムにはないいくつかの特長がある。

1つ目は「迅速性」だ。

先述のように、RPAは通常のシステム開発に比べてはるかに簡単にロボットを開発できる。簡単な作業なら、20分もあればロボットを作れてしまう。実際に、少し勉強するだけで現場のオフィスワーカーが自分の作業を自動化してしまうという例も多い。そのため、社会環境や業務環境の変化や仕事のやり方の変化に対応したロボットを迅速に開発して利用することができる。さらには、ロボットの改良も容易なので、その後の変化にも迅速に対応できる。

2つ目の特長は、この章ですでに紹介した「汎用性」だ。

RPAは、人間のPC操作を自動化するツールである。ということは、人間がPCで行う作業なら、どんな作業でも自動化できる。ひとつのソフトウェアの操作だけでなく、複数のソフトウェアやシステムをまたがる作業の自動化も可能だ。例に挙げたように、オフィスでは基幹システムや業務システム（複数の業務システムを併用している場合も多いだろう）、エクセル、ワード、ウェブブラウザ等々と、複数のソフトウェアを使用し、それらを参照してデータを転記しながら仕事をすることも多い。最新のRPAは、様々なアプリケーションと直接データをやりとりする連携ソリューションを用意しているほか、AIも利用した高度な画面認識により、ロボットがどんなアプリケーションでも画面表示内容を読み取れ、操作できる。仕事をするために7つ、8つのシステムを使い分けて仕事をしているという人も少なくないだろうが、このような作業を自動化しようとするなら、RPAは最適なツールとなる。

一方で、RPAエンジニアの手を借りれば、複雑な処理をするロボットを多数使って、大規模な業務自動化システムを構築し、人間なら年間で数千時間、数万時間に相当する作業を自動化することもできる。簡単な作業代行から高度で大規模な自動化まで対応可能なのも、RPAの汎用性がもたらしてくれるメリットだ。

3つ目は「低コスト」だ。

RPAは通常のシステムに比べてはるかに低いコストで開発・運用することが可能だ。導入のハードルは、システムを開発するのとは比べものにならないほど低く、すぐに使い始められる。

これら3つの特長を合わせて考えれば、RPAは、企業のテクノロジーのあり方を変えていく可能性も持っていると言えるだろう。従来、システム開発といえば、調査に数カ月、開発には数年をかけるのが当たり前で、膨大な費用がかかるのが通例だった。それだけの期間と費用をかけたのだから、その後、変化に追いつかないところが出てきても、数年間は我慢して使うという羽目になりかねない。しかし、RPAは2カ月で開発し、必要な作業の変化に応じて修正しながら使い続けるといったことが可能だ。さらに、RPAを活用すれば、既存のシステムをそのまま生かし続けながら、変更が必要な部分はRPAで補ったり、新たに必要となった部分だけをシステム開発するということができる。既存システムとRPAを連携させることで、ビジネスの変化に応じた対応がより容易になるのではないか。

RPA導入の成功に向けた3つの観点
――スケール、サステナビリティ、インテリジェンスの実例

日本においては、2018年が「RPA元年」と言われており、この頃から先見性のある企業がRPAの導入を開始した。その後2年の間に、RPAは金融や通信、小売り、製造、医療、教育機関などあらゆる業界で活用が広がっている。MM総研による「RPA国内利用動向調査2020」によれば、2019年11月時点で、年商1000億円以上の大企業においては、R

PA導入率は51％と、実に過半数に達しているという。

私は、ユーザー企業が実施する導入事例の発表会に参加させていただくことも多いが、どの企業でも現場の知恵から生まれた創意工夫に驚かされ、励まされることが多い。発表者に、長年の知識とノウハウを生かすシニアや現場の第一線で働く女性が多く含まれ、企業によっては過半数を占めていることにも大いに勇気づけられている。

導入企業には、年間350万時間相当の時間創出効果を上げている三井住友フィナンシャルグループをはじめ、数十万時間の効果を上げている企業も数十社出てきており、そのほかにも、RPA導入に成功している企業は多い。導入に成功した要因を分析すると、「スケール」「サステナビリティ」「インテリジェンス」の3つの観点が浮かび上がってきた。これについて、具体的な導入事例をいくつか紹介し、これから導入あるいは拡大を検討している企業に向けて成功のヒントを示したい。

◆**スケール——全社レベルで大きな成果を上げる**

1つ目の観点は、「スケール」だ。個別部門の最適化に留めるのではなく全社レベルで業務を見直し、横断的にRPAを活用することで大きな成果を上げる。どんなに多くの部門があろうとも、各部署で行っている同じような業務を共通化し、RPAのロボットを部署をまたいで大規模に導入できる。同じシステムの画面を多くの人が利用しているのであれば、エンドツーエンドで業務を整理し、実効性のある業務を再構築し、その中にRPAを導入する。そのような取り組みを通じてRPAの導入効果を最大化し、圧倒的な時間削減効果を上げられるのだ。

ある運輸会社は、RPA化したい案件を社内で募集して自動化を進めると同時に、RPAについて知ってもらうため、業務スタッフ1万8000人を対象に社内eラーニングを実施し、認知度を上げていった。さらに、全国各地の拠点にRPA推進担当者159人を置いて有機的に連携する横展開を仕掛けて自動化を拡大。現在では、125の業務、500以上のプロセスでロボットによる自動化を実施しており、その削減効果は、年間30万時間以上にも及ぶ。こうしてRPAの全社的活用に目処が立った後には、AI-OCRによる紙書類処理の自動化や海外拠点へのRPAの導入を進めて、2021年度末までに年間100万時間削減を中期経営計画の目標としている。

あるリース会社は、RPA黎明期に経営陣の決断により導入を決めた。PoC（実証実験）段階で業務量の7割削減という大きな効果を得ると共に、メインフレームを含む様々なシステムに対応できることを確認すると、全社横断的にRPA導入に乗り出した。また、RPA導入をきっかけに業務プロセスの見直しを行い、エンドツーエンドの業務の自動化も実現。その結果、当時1000人規模の会社で、導入から2年以内に年間10万時間以上相当の業務を自動化している。その後、企業合併時のシステム統合でもRPAを活用し、現在では200以上のロボットを運用しており、営業・事務から約300人のRPA・デジタル実践者を創出。AIの開発にもRPAを活用している。

また、ある化学メーカーは、IT部門と経理部門が連携してRPAを導入したのだが、初期段階の試行錯誤の中で、「業務をロボットで自動化するだけでは限定的な効果しか得られない。事前に仕事のやり方・業務プロセスを見直して、RPAを前提にしたプロセスに最適化することが必要だ」と気づいた。そしてRPAによるイノベーションを統括する司令塔となる部署を立ち上げ、一気に全社展開を進めた。RPAを中心に、AI-OCR、BPM（ビジネスプロセスマネジメント）、BI（ビジネスインテリジェンス）等の様々なツールを適材適所で活用し、業務の効率化・自動化に取り組んでいる。

全社展開のアプローチでは、トップダウン型とボトムアップ型を組み合わせた。具体的には、部門横断的な業務プロセスの見直しや大規模なロボット開発、AI等のソリューションとの連携などは司令塔となる組織がトップダウンで実施。一方、ボトムアップのアプローチでは、個々の社員の定型業務の自動化を現場の社員が自分自身で行えるようにするため、ノウハウを持つ社員と司令塔となる組織が中心となって全社的に研修やＯＪＴを実施している。その結果、年間20万時間の削減効果を上げている。

◆サステナビリティ――安定稼働から〝向上〟稼働へ

２つ目は「サステナビリティ」だ。その意味は、「安定稼働から向上稼働」である。導入当初はちょっとしたことでロボットが上手く動いてくれないこともある。だが、きちんと設計して開発・修正をすればミスなく動くようになる。また、全社レベルでの安定稼働を実現するには、ＲＰＡ化やロボットの運用についてのガバナンスを策定することも必要だ。ＵｉＰａｔｈでは、２０１９年にお客さまからの要望に応え、ＰｗＣあらた有限責任監査法人と協働し、企業がＲＰＡを安全・安心に導入・利用するために活用可能な「ＲＰＡガバナンス構築のためのガイドライン」と「ＲＰＡガバナンスハンドブック」を日本で最初に策定して広く公開している。

安定稼働が実現したら、向上稼働を続けていける体制を構築する。すなわち、自律的・継続的にＲＰＡ化を進めていくために、現場のユーザーが主体となってロボットを作る「内製型ボトムアップ」を導入することが極めて有効である。

たとえば、ある自動車メーカーからは、ＲＰＡの導入に際して、日本の製造業で培われてきた「カイゼン」文化とＲＰＡによる業務効率向上効果は大変よくマッチするということを教えていただいたことがある。ＲＰＡを用いることで現場におけるカイゼンがより大きな効果を上げるようになっていく、ＲＰＡがカイゼンを加速するというのである。さらにカイゼン活動を通じて、できたロボットを他の部署でも活用したり、仕事の内容に応じて改良して活用することもできるようになる。改良を進めることで安定したロボットを作り上げ、向上稼働につなげていくと共に、部署間での横展開も継続的に行うことで大きな成果を上げているのだ。

ある精密機械メーカーでは、業務プロセスの自動化ではなく、従業員ひとりひとりが業務をカイゼンし続けるため、ＲＰＡ導入を「社内デジタル革命」と位置付けて進めている。現場主導で推進していく現場の困りごと解決活動として、事務部門だけではなく製造、開発部門にも、さらには国内外のグループ企業へも展開。ＲＰＡを普及させる方法として、現場が楽しめる啓発活動を通じた社内への浸透に加え、社内のＲＰＡ開発者育成に注力している。ｅラーニングや集合研修に加えて、社内のＲＰＡ開発者が技術的に困った際にすぐに質問に答えてくれたり、ある程度時間を確保したうえで個別指導を行う等の寄り添い型サポートを提供することで脱落者を少なくし、実効性の高い開発者育成を実現した。加えて、社内のＲＰＡユーザーや開発者が各自の事例を共有する交流会やセミナーにより、ＲＰＡの横展開や部門横断のＢＰＲも推進。さらに優秀な成果を上げたＲＰＡ開発者の顕彰制度を設けるなどスキルアップとモチベーションアップを図り、２年半で千数百人のＲＰＡ開発者を生み出している。

このように内製型ボトムアップを成功させるには、ＲＰＡ開発担当者や現場に寄り添うトレーナーを置くことや、社内ユーザー会、成果を上げた人材を評価する制度などが有効だ。「スケール」の観点で紹介した3社も、同様の手法でサステナビリティを実現している。

少し目線を変えて、ＳＯＸ対応についても述べたい。ＳＯＸ法（上場企業会計改革および投資家保護法）とは企業の内部統制に関するルールで、日本では、Ｊ－ＳＯＸ法とも呼ばれる金融証券取引法で規定されている。ある機械メーカーと会計事務所の検討では、人間よりむしろロボットの方がＳＯＸ対応に適しているという話をうかがった。ＲＰＡのロボットには、ログを出力できるし、管理ツールでログの集中参照やロボットの稼働確認ができるものがある。そうすると、まずロボットが入力を行い、次のロボットがその入力を元のデータと照合して入力エラーがないことを検証し、３つ目のロボットが最初の２つのロボットが期待通り動いたことを確認するというオペレーションができる。そしてそれらがすべて検証可能なログとして残る。これを人が手作業で行うのは作業量や人的負担が高く、かといってシステム開発で対応しようとすると大きな費用がかかるが、ＲＰＡであればこのようにＳＯＸ対象の業務にも対応できるのである。

◆インテリジェンス――ＲＰＡとＡＩの組み合わせで自動化を広げる

３つ目は「インテリジェンス」だ。これについては第４章でもくわしく述べるが、ＲＰＡ活用の先進企業は、定型業務の自動化というステージではなく、より高度な非定型業務の自動化という次のステップに進んでいる。そのカギとなるのがＲＰＡとＡＩを組み合わせることだ。非定型業務の自動化を実現するには欠かせないＡＩの活用は今後デジタルが向かう先であり、ＲＰＡとＡＩは圧倒的な相乗効果を発揮する。

ＡＩを利用したツールの中には、文書や音声など、様々なアナログデータをデジタルデータに変換してＲＰＡで取り扱えるようにしてくれるものがある。さらには、人が行っている判断業務もＡＩがサポートしてくれたり、実際に行ってくれる場合もある。これも自動化できる範囲を大きく広げるものだ。このように、ＡＩとの相乗効果で自動化できる範囲が大きく広がれば、より大きな効果を生み出せるようになる。

中でも、今最も多いのが、ＡＩ－ＯＣＲによって紙文書をデジタル化して、ＲＰＡによる自動化プロセスに組み込もうとする動きだ。

ある通信会社は、紙文書のデジタル化という課題にいち早く取り組み、大規模な自動化を実現した。この会社では、交渉から発注、契約、支払いまで、全社の調達業務を担当する部署では約１００人が実際の契約業務と支払業務に当たっており、処理する件数は年間数十万件にも上る。業務の効率化を図ってきたが、人手で対応するには限界に達しようとしていたため、ＲＰＡを導入。４３００件の支払伝票処理と３２００件の振替伝票処理を行う期末処理では、リスク回避のため、人とＲＰＡに業務量を半分ずつ振り分けたが、これが人とＲＰＡの生産性の違いを確認する機会となった。ＲＰＡの生産性は人の3倍にも及んだのだ。結果、同社は年間6万時間以上の稼働削減と30％の生産性向上を達成した。

そして、自動化の第2段階として取り組んだのが、紙の請求書のデジタル化だ。同社では大口サプライヤーを中心に４００社以上と電子的取引を行っているが、これに接続できない企業とやり取りする膨大な数の紙の請求書が残っていた。その数、年間6万件。しかも、請求書フォーマットは企業ごとに異なっていた。ここにＡＩ－ＯＣＲを導入することで、この紙の請求書をデジタル化し、ＲＰＡによる自動化プロセスに載せたのだ。全件の半数を占める上位30社、年間およそ3万件から適用開始し、年間で4000時間以上の工数削減を実現。直近5年間でのコスト削減は7億円にも上る。同社では、次の一手として、自動化できていない最後のピースである契約チェックや支払審査など、人の判断を伴う領域にAIを活用するというチャレンジも進めている。

ある金融機関では、テキストベースで自然な会話ができるチャットボットとRPAを組み合わせることで、顧客の住所変更受付を自動化した。この金融機関は200万を超える口座を持っている。従来、住所変更手続きはコールセンターでの有人対応と、ダイレクトバンキングサイトでのオンライン手続きで行ってきた。ダイレクトバンキングはすべての顧客が利用しているわけではなく、また、コールセンターではオペレーターが本人確認と住所登録変更作業を行うため、受付時間が限られていた。同社ホームページに設置したチャットボットとRPAによって、この手続きを、24時間、自然な会話のようなやり取りで行えるようにしたのだ。本人確認も、チャットボットとの会話の中で行うためIDやパスワードは必要ない。これによって、業務の効率化と顧客の利便性向上に加え、顧客満足度の向上も期待されている。

また、ある総合不動産会社は、AIや多様なデジタルツールをRPAと組み合わせることで、独自のソフトウェアを開発し、成果を上げている。その中には、RPAを社内インフラとして採用しているグループウェア「G Suite」と連携させ、チャットで物件の住所を送ると、RPAが社内の様々なシステムから資料を収集してPDF化してメールで送ってくれるもの等、簡単な操作で高度な機能を実現したものも多い。

RPAとAIを掛け合わせたのが、オンラインチラシ自動作成ツールだ。これまでは、営業担当者が物件のアピールポイントを考えてチラシを作成していたのだが、これを、社内システムから必要な情報を収集するところからレイアウトまでを自動化した。営業担当者は、音声やチャットで物件名をRPAに伝えるだけで、2~3分で高品質なチラシがメールで返信される。チラシに載っているQRコードを読み込むことで、お客さまも自分のスマートフォン等でチラシを見ることができる。従来、チラシの作成には年間2880時間、その審査に年間900時間を要していたのだが、この分の業務が効率化されたことになる。

さらに、コミュニケーションツールである「LINE WORKS」でのお客さまとのやり取りのログデータからアポイントや成約に結びつきやすい会話を導き出し、個別のお客さまごとに最適な提案方法やタイミングを営業担当者にリコメンドするシステムも運用を開始している。

大規模災害やコロナ禍対応にＲＰＡを活用

ここまで企業の事例から成功に向けたヒントを紹介してきたが、ＲＰＡは迅速に導入可能な自動化ツールであり、リモートで自宅などからも実行できるため、通常業務だけでなく、突発的・継続的な災害時にも威力を発揮する。ここ数年、被害が桁外れに大きくなってきた台風や大雨、そしてコロナ禍での業務の自動化にＲＰＡを活用した事例を紹介しよう。

ある保険会社の場合、ＲＰＡ導入の背景には、近年の大規模自然災害の頻発と、これに伴う業務負荷の爆発的な増大があった。台風や地震などの災害では、損害保険の支払対象は2万件規模に達する。ところが、近畿地方を中心に大きな被害をもたらした２０１８年の台風21号では12万件を超え、従来の体制では迅速に対応しきれない事態となった。この時、保険契約者からの連絡を手作業でシステム入力する工程に、急遽ＲＰＡを導入して自動化し、膨大な支払申請に迅速に応えることができたのだ。

大規模災害発生時の対応は、いつどれだけのリソースが必要になるか予測できないため、保険会社にとってはシステム化が難しい領域だった。ＲＰＡ導入が変革への大きな一歩になったのだ。翌年には事故受付システムにＲＰＡを適用して受付・登録工程でのボトルネックを解消。同時に新しいワークフローシステムを整備し、上流工程からのデータ化、現場業務のペーパーレス化も進展させた。その後、保険金支払業務にもＲＰＡを導入、事故受付から事故登録、保険金支払いまでの業務フロー全体を自動化。従来40〜50人を要していた、とある災害対応の業務工程は、最少４人で対応可能にしている。

さらに、従来は災害の発生ごとに対応拠点を編成してきたが、専門性の高いスタッフが常駐する「災害対応バックアップセンター」を整備して機能を集約すると共に、ＲＰＡとワークフローシステムで業務をデジタル化し、膨大な案件にも高効率かつスピーディに対応する体制を整えている。これらの施策により、大規模災害発生時に事務作業に追われていたスタッフが、本来、最も大事なはずの被災者の問い合わせ対応に当たり、寄り添う時間を持てるようになるという、数字では見えない効果も生んでいる。初動対応の迅速化は、顧客満足度の向上にもつながっている。

また、今回のコロナ禍でも、ＲＰＡによって迅速な対応を可能にした例は多い。国内外の行政における事例は第１章で紹介したが、企業でも、仮想デスクトップ環境のライセンス発行等、社員がリモートワークを行うために必要な手続きをＲＰＡで自動化して大量の申請に応えられるようにした例は多かった。

ある食品会社では、取引先への出荷案内業務を自動化した。システムから出荷案内リストの印刷・仕分けを行い、得意先へＦＡＸで送信するという業務で、従来は紙ベースの手作業で行ってきた。コロナ禍で在宅勤務へのシフトを進める中、まず、紙ベースだった出荷案内リストをＰＤＦベースに変更し、ＦＡＸ送信はＰＣから行う形に変更することでリモートでも作業できるようにして、同業務に携わるスタッフを在宅勤務にシフトさせることができた。

ところが、外出自粛要請で受注が増加傾向にあったこともあり、この業務のさらなる効率化が喫緊の課題となった。実は同社はすでにＲＰＡの活用を進めており、年間約８０００時間に及ぶ業務時間の削減を見込んでいた。そこで出荷案内業務でもＲＰＡを活用して、出荷先への出荷案内リストの仕分けとＦＡＸ送信作業をすべてロボットが実施する仕組みを構築したのである。開発はリモート体制の中で行われたが、要件定義、ワークフロー開発、ユーザーテスト、運用開始までを1カ月で完了している。

ある保険会社では、従来、海外拠点において人手で入力していた保険申込書の原本登録を、ＯＣＲとＲＰＡを活用することでシステム登録まで自動化し、業務を継続することができた。

ある美術館では、コロナ禍で休館となった時に入場券購入サイトのサポート窓口業務を自動化している。従来は、1件1件、手作業でキャンセル処理が必要だったが、RPAによって1クリックでキャンセル処理をできるようにして、少人数のままで休館対応を行うことができた。

このような緊急対応だけでなく、以前からRPAによる自動化を進めていたことが新型コロナ対応に役立った例も多い。あるエネルギー販売代理会社では、ガス使用状況データの基幹システム登録を自動化し、属人化を解消していたため、出勤ローテーションが組みやすくなり、在宅勤務が可能となっている。

医療現場の負担を軽くする

言うまでもなく、自動化が必要なのは企業だけではない。人材不足に悩む医療の世界では、コロナ禍により生じた収益の減少を経営的な観点で補っていくべく、コストダウンや収益増を考えていく必要もある。この人材不足とコストダウンの両方に対処するアプローチとして、また過去から議論されていたタスクシフトを実現するためにも、医師や看護師の事務作業を事務職へ、またその事務職の作業をRPAにシフトさせていく必要がある。そこでRPAを導入して事務処理負担を軽減し、医師や看護師が患者と向き合う時間を創出して、本来の任務である治療や、治療の支援に向けられる仕組みを作ろうとする動きが始まっている。

ある病院では、人材不足と業務量増大に伴って、働き方改革への対応が急務となっているのに加え、旧態依然とした紙書類やデータ処理における手作業の多さ、部門ごとに異なるシステムなどを問題視し、デジタルトランスフォーメーションを推進する方向性を打ち出した。

病院部門では、電子カルテ導入により業務はすでにデジタル化していたが、担当者1人を選任し、RPA活用による業務改革に着手した。現在は約10のロボットが稼働しているが、そのうちのひとつが、電子カルテから医事会計システムに会計データを取り込む際に生じるエラーを担当者に通知するものである。従来はエラー出力を印刷して担当者に配付し、担当者が確認した内容を踏まえて手作業で削除・追加・修正を行っていた。そこにRPAを活用し、頻発するエラー5種類を対象に自動処理をするRPAを構築し、1日のエラーの約60%強に当たる約370件を自動処理できるようにした。削減できる作業時間は年間1100時間に上る見込みだ。

そのほかにも医療材料マスタ登録、算定漏れ防止のための患者リスト抽出などにRPAを活用。内製開発により業務フローの把握が容易なため、トライアルやメンテナンスがしやすいという。

これまでの取り組みで、RPAは電子カルテにも自動化の対象にできることを確認した。将来は事務だけでなく医療現場での活用も見据え、電子カルテに入力されたデータの整合性チェックやデータ抽出による医療情報連携などでのRPA活用について医師や看護師の意見も取り入れながら検討を進めていき、医療の質の向上や医師の働き方改革につなげていきたいと考えている。

別の病院では、購買業務における間接業務の負担軽減などにRPAを活用している。会計伝票のチェック等の定型的な業務は公金の不適切利用の防止の観点から重要性を増す一方だ。その多くは紙伝票のままで、転記やデータ化にかかる工数は増える一方だった。そのような業務のひとつ「システム間データ転記業務」でRPAを活用した。診療現場で臨時に必要になったものや一般消耗品・備品について、従来は各現場の責任者が紙伝票に記入したデータをエクセルに転記して発注書を作成し、財務会計システムに手動で入力していたが、RPA導入後は直接クラウドデータベースに入力し、入力データをRPAで加工して財務会計システムに自動反映させるようにしたのだ。これにより、1件当たりの作業時間は7分から3・5分になり、年間では1448時間程度の業務削減効果を上げている。

RPA導入には、業務削減に加えて3つのメリットがあった。1つ目は購買フローが可視化できたこと。2つ目は既存の業務内容を全体的に見直すことで、AIの活用等、将来を見据えたBPRを実現できたこと。そして3つ目は業務属人化の排除で、入力者によってばらつきのあったデータ粒度が統一でき、より活用しやすいデータになった点だ。

RPAによって各自の業務が格段に楽になるという「手ごたえ」を感じた同病院では、RPA推進室を設置し、RPAを活用して業務そのものを見直し、標準化・平準化していくことで、デジタルトランスフォーメーションを推進している。

教育機関における自動化

医療の世界同様、業務過多に悩まされているのが教育機関の教員と職員だ。

私は、教育機関にRPAが導入されることには大きな意義があると思っている。業務を効率化して、教職員の方々が紙文化や手作業の資料作りから解放され、教育に専念できる時間を増やせるようになれば、現在の教育現場を大きく変えることになる。時代のスピードに合わせた教育内容の変化に、より迅速に対応していくことも容易にする。

と同時に、そこで学ぶ子どもたちや若者たちが最先端の自動化技術に触れる機会を得ることは、未来社会のあり方に大きな影響を及ぼすと思っている。まさにデジタル教育の実学のチャンスが、目の前に広がっているわけだ。自らロボットを作り、学習成果を見てみたらどうだろう。夢の世界ではなく、やる気次第でデジタル世界に踏み込むことができるようになってきたのだ。

実際に、教育機関における大規模なRPA導入の例も出始めている。

ある大学では、経理関連の業務を中心に、これまでに年間約4万6000時間の効率化を実現している。これは世界的に見ても大学の取り組みとしては稀有な例であり、教育機関におけるRPA活用のモデルケースと言える。

様々な取り組みの中でも特筆すべきなのは、支払業務にAIによる勘定科目類推機能を組み込んだことだ。支払内容のシステムへの入力は先行して自動化していたのだが、1件1件の支払いについて、どの勘定科目が適切かは人が判断しており、誤った科目が含まれる可能性があった。そこでAIを導入し、過去のデータから適切と想定される勘定項目が設定されるようにし、より高度な自動化と業務品質の向上を実現した。

RPAとほかのデジタルソリューションとの連携も進んでいる。たとえば、クラウドストレージとの連携により授業アンケートを自動化している。法学部における計300枚ほどに及ぶ授業アンケートは、今までは教授ごとに異なるフォーマットのアンケートを紙で配付し、回収、集計をしていたため非常に時間がかかっていた。そこで、アンケートの作成、クラウドストレージへの格納、教授への通知、アンケート結果の集計などを自動化し、時間の削減に加え、転記作業やメール送付の自動化によってミスをなくすことができている。

同大学は、今後は大学事務のさらなる効率化を目指すだけではなく、大学として推奨している学生起業やベンチャー育成、さらにはイノベーション推進プロジェクトや、研究開発分野等でも、デジタルの有効なツールとしてＲＰＡを活用したいとして、次の段階について戦略的検討を進めている。

行政への広がり

行政においても、ＲＰＡを活用する自治体が増加中だ。多くの自治体もまた、人材不足と業務量の増大に苦しめられている。人口減少や新しい産業創出に悩む自治体も多い。さらに、入札による調達のため、業務ごとにまったく異なるシステムが導入されていたり、ひとつの情報を国、都道府県、市区町村と、管理する主体によって異なるシステムで同時に管理しなければならないといった行政ならではの課題も抱えている。行政の仕事は事務作業が多く、本来、ＲＰＡとは親和性が高いはずだ。一方で、役所に強く残る慣例主義や紙文書主義が、ＲＰＡの導入を阻んできたのだ。だが、行政改革が求められる中、ＲＰＡによって業務を効率化しようとする自治体も次々と現れ始めている。

温泉観光で栄えてきた北陸地方のある市は、宿泊客が減少傾向にあり、新たな産業施策としてイノベーション推進による産業創出に力を入れてきた。一方で国や県から市への権限委譲も進み、市職員の業務量は増大傾向にあった。そこでイノベーションの推進と業務量の適正化を同時に実現する方法として注目したのがＲＰＡである。まだＲＰＡが広く知られていない頃に、新聞でＲＰＡに関する記事を見た市長の決断ですぐに導入に動き、まず４つの業務を選定して効果検証を行った。

その中でも自治体ならではと言える活用方法が、契約管理システムと電子入札システムの相互連携である。前者は市が管理するシステムであるのに対し、後者は県が管理するクラウド型のシステムである。従来は、一方から情報を取り出していったん保存し、もう一方に登録するという手作業による連携作業が必要だった。両者を連携するシステムを作ろうとすると大掛かりな作業になる。さらに、２つのシステム自体、開発した会社も違う。ＲＰＡなら連携作業を自動化するだけで、どちらのシステムも変更不要で自動化を実現できる。さらに、システム更新などがあっても簡単に対応できる。

第1段階として選定された4種の業務全体の効果検証では、業務量を73％削減できた試算となった。今後期待しているのは、削減されたマンパワーで、高齢者・障がい者向け福祉サービスや子育て支援の施策など、新たな市民サービスに直結する業務に注力すること。今後はRPAの適用範囲を定型業務から窓口業務のような市民サービスに直結する分野に拡大していく計画を持っている。また、RPAをはじめとするデジタル技術を、市内の企業を元気にするツールとして活用することで、良い技術を持っている企業が市に興味を持ってくれることも期待できる。

多くの自治体では、職員数減少の一方で、対応すべき課題の増加により、市民サービスはこれまで以上に複雑化してきている。速やかに行政サービスをデジタル化し、本来人間が行わなければいけない業務に人間を向ける施策が必要だと考え、推し進めている市もある。

九州のある市では、市長のリーダーシップにより、効率的な行政運営を行い、余力を生み出し市民に寄り添うサービスへ注力する「行政運営のデジタルファースト」の一環としてRPAを導入。RPA開発では、委託業者に任せるのではなく、内製で行うことを基準にした。外部委託にすると投資対効果が低いという点と、開発のノウハウが何も残らないという点がその理由だ。

試行期間には、保険年金業務を対象に業務の洗い出し、ＲＰＡのシナリオ作成、試行を順次実施していった。対象業務の年間作業時間は15業務で１２６５・３時間だったが、ＲＰＡを活用することにより１８７・１時間に縮減され、１０７８・２時間、率にして85・２％の削減効果を上げた。また、市役所の業務には入力作業、確認作業が数多く存在するが、窓口対応、電話対応で中断を余儀なくされることも多く、作業効率の低下や入力ミスのリスクも抱えていた。ＲＰＡに作業を任せることによって、職員の心理的ストレスの軽減や、市民サービスにより真摯に向き合う時間の創出ができる効果も見られた。ＲＰＡによって心の余裕が生まれ、周りを俯瞰して見ることによって新たな市民サービスへのアイデアや問題解決をする糸口が見つかってくることも期待されている。

試行期間に続く本格導入では、市職員の内製だけでわずか10カ月という期間で導入まで漕ぎつけた。開発者の育成も並行して行っている。このような施策により、職員全体にＲＰＡ化の意識を浸透させることに成功。コロナ禍の際には、システム開発の経験がない職員が自らロボットを開発し、保育園に登園できなかった保育料の還付手続き、約５００件の申請処理の自動化を成し遂げている。

障がい者雇用におけるＲＰＡ活用

最後に紹介しておきたいことがある。企業での事例なのだが、障がい者雇用で働く人たちにも、ＲＰＡが広がっているという点だ。障がい者の方が自らロボットを作成する、または使いこなすことで、業務の幅や量を増やせるようになった例が数多く見られるのだ。

あるメガバンクの特例子会社では、３つの業務にＲＰＡを導入し、さらに、ＲＰＡとＯＣＲによるさらなる自動化やロボットの内製化へとフェーズを進める検討も開始している。ＲＰＡのおかげでコロナ禍でも業務を継続でき、その威力を改めて感じることができたというお声もいただいた。

また、ある航空会社の特例子会社は、ＲＰＡについての勉強会を開いたり、使いこなせる方がサポートする体制を取って、従業員が自らロボットを作り業務を自動化する取り組みを進めている。２０２０年7月に開催されたロボット研究会では、7人の従業員が成果を発表。航空券類審査や国内販売報告審査など、これまで手作業で行っていた業務の自動化では、月３６６

時間かかっていた業務が50時間でできるようになったりと、大きな時間削減効果を上げていることを報告した。削減した時間を利用して、ＲＰＡ等の自主学習に充てられる時間を捻出できるようになるなど、業務の拡大と効率化に向けたサイクルが回り始めているという。

また、ロボットのサポートを得て、集中力を要する業務を担当できる従業員が増えたり、海外企業とのチケット手配のやり取りなどの複雑な業務もできるようになった。障がいを持つ方々が業務の幅を広げたり、新たな業務にチャレンジできるようになることで、これまで以上に会社や仲間を支えているという誇りも生まれているという。

同社では、就労支援施設と協力して、障がい者に向けたＲＰＡ教育にも乗り出しているほか、聴覚障がい者向けにはロボットとチャットボットによって仕事に必要な情報をいつでも参照できるようにすることも計画している。

このように、ＲＰＡは、業務の効率化だけでなく、より多くの人に活躍の場を広げる力を持っていることも知っていただきたい。

第 4 章

現場が輝く デジタルトランスフォーメーション

社会課題を解決するイノベーターへ

ＲＰＡを推進するというと、ロボットを作成して仕事を自動化することのように思われがちだが、ＲＰＡを導入する目的はそれだけではない。

もちろん自動化は行うのだが、それが最終目標ではなく、自動化の過程を通じてロボットを使いこなせるデジタル人財を育成し、育てたデジタル人財を生かせる組織を作ることにより人財のモチベーションを上げ組織を活性化させ、デジタルトランスフォーメーションによる成長戦略を実現するのが本当の目標だ。ロボットを作らなくても、ロボットを作るためのアイデアを出し、また使いこなす人たちもデジタル人財であり、ＲＰＡとＡＩを組み合わせて使いこなすロボット人財だと言える。

業務に精通する人材をＲＰＡネイティブのデジタル人財へとトランスフォーメーションさせる。私たちが支援したいのはまさにその領域だ。

また、ＲＰＡによる自動化は単なる業務負担の削減に留まらない。ＲＰＡを導入するということは、ロボットが〝ちょっと気になる新入社員〟として入社してくるようなものだと考えて欲しい。あなたが作ったロボットは、あなたの部下ということになるわけだ。人間と同様に、入社してきたばかりのロボットは右も左も分からない社会人1年生であり、指示されたことしかできない。最初は指示が曖昧だったり環境が変わったりすると戸惑って業務が滞ってしまうだろう。しかしそのロボットをあなたが大切な新入社員として愛情を持って育てれば、信頼できる優秀な部下となっていくのだ。

あなたのロボットがあなたの指示通りに働き、指示さえしっかり与えることができれば、ミスなく正確に業務を繰り返し、24時間３６５日あなたをサポートし、手間と時間のかかるＰＣの手作業から解放してくれる。この時にあなたの働きがい改革が始まる。

さらにＡＩと組み合わせて知能を強化すれば、ロボットのできる範囲は圧倒的に広がり、あなたをより支援してくれるようになる。

私たちは、すべての人がロボットを使いこなし、ロボットと協働することで、より人間らしい生き方や働き方を追求することができる未来の世界「A Robot for Every Person」を提唱している。ひとりひとりがロボットを使いこなす——すべての自動化は、このビジョンに基づいてなされるべきだろう。

人手不足が加速する日本では、新入社員の採用人数も少なくなっており、入社してから5年、6年と経過しても部署に後輩が入ってこないというケースが珍しくなくなっている。たとえば営業マンであれば、入社5年目にもなれば、自分で開拓した顧客を何件も持っていてもおかしくはない。ところが、所属部署で一番若手のままなら、本来ならば新入社員が仕事のプロセスを理解するために託されるような単純作業まで、いつまでも任されることになってしまう。このような業務の負担が増えれば、本来やるべき顧客開拓や人脈作り、企画の作成に時間を割くことが難しくなる。当然、結果を出すことが難しくなり、本人のモチベーションはどんどん削られていくだろう。

だからといって、企業が新入社員をどんどん採用できるわけではない。だからこそ、必要となるのがRPA導入によるロボットの部下なのだ。実際にすでに全ホワイトカラーに1人1台のロボットを導入するプロジェクトを計画している企業が複数ある。ロボットを1台持たせることは、その社員に部下を1人つけることと同じことである。部下が1人もいない社員が、ロボットを持つことで部下を持つわけだ。すると、多くの単純作業をロボットに任せて、本来、行うべき人間らしい仕事に専念し、より成長する機会を得られるようになる。近い将来、就職ランキングでは、その会社のRPA浸透率が評価される日が来るだろう。企業がどれくらい本気で社員を手作業から解放し、いかに「面白い仕事にチャレンジできる機会を作るか」「つまらない仕事をさせないか」という課題に取り組んでいるかを学生が判断する指標となるのだ。

それでは、ロボットの部下を育て、やがて5人分の仕事ができるまでに成長させたらどうだろう。そうなれば、5人の部下を持つ管理職と同様な仕事をできるようになる。その分、大きなビジネスが行えるようになるだろう。100人分のロボットを持てば部長並みの仕事をこなせるようになる。あるいはロボットを使って起業することもできるはずだ。RPAを導入してロボットを部下に持つ「A Robot for Every Person」が実現すれば、誰もが「デジタル管理職」となり、ひいては「デジタル経営者」にもなりうる。

まずは1台のロボットをアシスタントにすることであなたの働きがい改革を始めよう。AIとつながるロボットが「スーパー部下」として事業を支えるようになり、100人の「スーパー部下」を持つことで「デジタル部長」となって新たなビジネスを作る。そして最後には、「デジタル経営者」「デジタル起業家」として、社会課題を解決するイノベーターに。このように、RPAのロボットを使いこなす人が増えていくことが、日本全体を元気にすることにつながるのだ。

日本は長い低迷の真っただ中にいる。加えて、新型コロナウイルス感染症がより暗い影を落としている。しかし、働く環境を変え、人間がより人間らしい仕事ができるようロボットの助けを借りて、これまでは単純作業に埋もれてできなかったクリエイティブな仕事をできるようにしていけば、新たなサービスや商品の誕生を後押しし、利益を増やすことにもつながるだろう。日本が抱える社会全体の課題は、ＲＰＡを導入した職場、企業から解決することができるかもしれないのだ。

あなたが経営者なら、もしロボットの部下を１０００人つけたらどんなデジタルビジネスが考えられるか、自分の部下に問いかけてほしい。自動化は、決してコスト削減だけの話ではない。

ＲＰＡが活躍できるのは、オフィスだけに留まらない。工場や倉庫では、ＩｏＴの導入が進んでいるが、そこにＲＰＡを導入して既存のＩＴシステムとつなげば、本社のサプライチェーン管理から工場や倉庫内まで含めたエンドツーエンドの自動化を進めることもできる。将来は、工場や倉庫に配備されたＲＰＡに指示を出すことにより、リモート稼働・管理もできるようになるだろう。

また、スマートフォンやPCが浸透する中、普段の生活の中でもITを利用するための面倒な作業は増えている。たとえばPTAでは、役員同士で、あるいは親御さんの間で連絡を取り合う際に、多くのメッセージツールが利用されている。ある人からはLINEで、ある人からはメールで、またある人とはFacebookでといった具合だ。それをすべて確認して返信するのが大きな負担になっている。すべてのツールで届いたメッセージをRPAでひとつにまとめて確認・返信できるようにするだけで、負担がずいぶん軽くなるのではないだろうか。

あるいは、スマートフォンのようなデジタルツールが苦手なお年寄りに対しても、お孫さんが代わりに操作してあげるように、必要な操作をRPAで代行したり、声で指示するだけでしたいことができるようにしたら、お年寄りの生活がより楽になるのではないだろうか。

「A Robot for Every Person」は、ロボットによってあらゆる人の負担を減らし、より豊かで温かいクリエイティブな仕事で活躍できるようにすることを目指したビジョンなのである。

RPA×AIで自動化が広がる AIの民主化のためのPath(道)

ここからは、UiPathがRPAをより進化させるために行っている取り組みを中心に、今後の自動化の方向性を紹介させていただきたい。今、ＲＰＡによる自動化に、近年急速に進化を続けているＡＩを掛け合わせれば、自動化の範囲を広げていくことが可能になる。これを私は「ＲＰＡ×ＡＩ」と表現している。

最も分かりやすいのは、紙書類のデジタル化におけるＡＩの活用だろう。従来のＯＣＲはもともと単純な文字抽出のために開発された技術なので、非定型文書や手書き文書をうまく取り扱えなかった。しかし、従来のＯＣＲにＡＩ機能を取り入れることで進化したＡＩ－ＯＣＲが登場し、状況は一変した。ＡＩ－ＯＣＲで請求書や報告書などの紙書類をデジタルデータ化し、ＲＰＡで各種システムに入力することができるようになり、今までデータとして扱えなかった紙の書類もそのまま自動化プロセスに組み込めるようになったのだ。実際に、この方法で人手に頼っていた紙からの転記作業を大幅に減らす例も出ている。さらにＡＩ－ＯＣＲでも読み取りが難しい罫線付きの手書き文書等でも、たとえば顧客番号などの英数字の一部の文字を読み取れれば、ＲＰＡを使って即時に社内の顧客システムで顧客番号を検索し、顧客名、住所等の他の情報を取得し、読み取れなかった文字を補完したり検証することができる。

紙書類に限ったことではない。業務のデジタル化をどんなに進めても、人間の手作業に頼らざるを得ない〝ラストワンマイル〟の業務が残ってしまうものだが、ＲＰＡ×ＡＩによって、それがついになくなる時代がすぐそこまでやってきているのだ。

ＡＩ‐ＯＣＲのほかにも、文章の内容を理解するチャットボットを使えば、問い合わせ対応などの業務で自動応答を実現できる。さらに、ユーザー自らＡＩモデルを開発できるツールや、ＡＩが人間の言葉を解読する自然言語処理、写真や画像を解析する画像認識など、様々なＡＩが提供されてきている。

これらのＡＩをＲＰＡで様々なシステムとつなぐことで、ラストワンマイルの自動化を実現できるようになる。人間の体に当てはめると、ＡＩ‐ＯＣＲは目であり、チャットボットは耳や口、ＡＩは頭脳にたとえることができるだろう。そしてレガシーシステムを含む様々なＩＴシステムやＩｏＴなどの新しいデジタルツールは手や足と言える。こうした体の器官のような機能を自由自在に動かすためには、それぞれを神経系でつなぐ必要がある。ＲＰＡとは、ＡＩやシステムなどのツールを思い通りに動かすために命令を出す伝達経路であり、人間の体にたとえれば神経系のような存在と言え、様々なＡＩ技術と既存のシステム、アプリケーション、ＩｏＴ、センサー等をつなぐことができるのだ。

また、ＡＩエンジニアが行うデータ分析の８割はデータ収集や整備などの前処理にかかる時間といわれている。まずモデルの検証に必要なデータを様々な場所から取ってきてデータを整備・分類しAIモデルに反映する。モデルの精度を上げる段階では、AIモデルが返してきた結果から、考慮に価しないものを取り除く作業が発生する。これらの処理をＲＰＡで省力化し、ＡＩエンジニアがモデルの精緻化などの頭を使う作業に集中できれば、ＡＩ開発の効率が上がるだろう。またＰｙｔｈｏｎなどの言語でプログラミングができなくても、アイデアがありＲＰＡの使い方が分かっていれば、ＲＰＡとＡＩの連携を通して、業務をよく知る現場の人間がＡＩを活用できるようになる。そして将来は、現場の人間がＡＩモデルを構築できるという世界になっていくはずだ。

今、経営者の方々とお話しすると、ＡＩを導入したいと思っても、なかなか進まないという話をうかがうことが多い。その大きな理由は、ＡＩを開発するエンジニアと実際にビジネスでＡＩを使う現場の人たちの間にギャップがあることだと思っている。

たとえば、顧客との対話にチャットボットを利用する実証実験は成果を上げたが、現場が求める活用のためには、住所変更等で既存のシステムとのインターフェース構築が必要で膨大なコストがかかることがわかり、費用対効果が合わないと断念せざるをえない場合がある。優れたＡＩを実際の業務の中に入れ込むのには労力と時間とコストがかかる。さらに優れたＡＩ製品は次々と世の中に出ているが、試してみなければ実際の業務に活用できるかは分からないし、業務プロセスにＡＩをひとつ組み込むだけでも大変なのに、これが複数のＡＩとなれば簡単に進むものではない。

この問題を解決するのが、ＲＰＡとＡＩを組み合わせ、ＲＰＡから様々なＡＩを利用する「ＲＰＡ×ＡＩ」という方法だ。

私たちは、ＲＰＡによる自動化プロセスに様々なＡＩ技術を簡単に組み込めるようなプラットフォームを提供開始した。具体的には、ＡＩモデルを格納したプラットフォームからＡＩモデルのアイコンをドラッグ・アンド・ドロップでＲＰＡのロボットに入れ込むだけでＡＩモデルを利用できる仕組みだ。これにより、ＲＰＡのロボットを使う現場の人間が、簡単にＡＩも使いこなすことができるようになるのだ。

ＵｉＰａｔｈは世界4拠点でＡＩ開発を進めているのに加え、世界各国の２００社を超えるＡＩ開発企業をパートナーとしている。これらの多様なＡＩに加え、オープンソースで公開されているＡＩ、さらにユーザーが自社開発したＡＩまでを連携させ、ＲＰＡのロボットに実行させることができる。ＲＰＡがプラットフォームとなるので、ＡＩ－ＯＣＲ、チャットボット、言語理解など、機能の異なるＡＩをロボットの中に導入するだけでなく、たとえば用途によって別々のＡＩ－ＯＣＲ製品を入れて使い分けるといったこともできる。ＲＰＡのロボットにＡ

Ｉの頭脳を持たせることができるわけだ。ＡＩの側から見れば、ＡＩを業務プロセスにつなぐ作業をＲＰＡが行ってくれるようになるため、ＡＩエンジニアはＡＩのモデル開発に専念できるようになる。

そしてＲＰＡとＡＩで自動化している業務の中で、ＡＩ自身が精度が低いと判断したものについては人間が検証し、その結果を再びＡＩの学習データに戻しながら業務を継続する仕組みも開発した。これによって、ＡＩモデルの精度を改善する技術を持っていなくても、業務を通じてＡＩモデルを育てていくことが可能になる。実際の業務に利用しながら学習を続けさせることで、ＡＩの精度を限りなく上げていくことができるのだ。

私たちが目指すのは、ＡＩの民主化だ。今、自前でＡＩを開発することだけではなく、どんどん現れてくる新しい優れたＡＩを現場が実務で使いこなすことが必要とされている。ＡＩをより簡単に使いこなすために、現場の業務に導入しやすくし、さらに実際の現場の業務の中で使いながらＡＩの精度を上げ、ビジネスの条件が変わった時にも対応させていけるよう支援していきたい。

また、ＲＰＡを通して、ＡＩ開発企業が世界中のＲＰＡユーザーと直接つながれるようになる点も強調しておきたい。日本の優秀なＡＩ開発企業にも、この仕組みを上手く使って世界でさらにご活躍いただきたいと思っている。

自動化のさらなる進化

自動化と人間の関係を大きく進展させた「人間に優しいデジタル」であるRPA、日本発信の「A Robot for Every Person」というビジョンに対しては、世界中の多くのお客さまに共感いただき、すでに多くの企業で取り組みが始まっている。一方で、自動化への取り組みをさらに加速するに当たり、次のステップへ進むためにはどうすれば良いのかを私たちは考えてきた。RPAは表計算ソフトのマクロ等と大同小異なものではなく、現場の手作業からエンタープライズシステムレベルの業務の自動化までをサポートし、企業のデジタルトランスフォーメーションを実現するプラットフォームである。それを、これまで以上に多くのお客さまに役立ていただき、現場で簡単に使っていただくためにはどうすれば良いのか。

このような課題意識を持って、UiPathは、私を含めグローバルでディスカッションを重ねてきた。そして、AIの機能を大きく取り込むことで、「自動化を実現する過程全体のサポート」「自動化できなかった領域への対応」という2つの観点からRPAをアップグレードしていくことにした。

1つ目の観点である「自動化を実現する過程全体のサポート」について説明しよう。今までUiPathはRPAメーカーとして、ロボットの「開発」と「管理」、自動処理の「実行」を支える製品を提供してきた。だが、実際に自動化を実現しようとすると、業務のどの部分を止め、どの部分を変え、どの部分をRPAで自動化すればよいか、さらにその費用対効果をどう見積もればよいのかを検討するというビジネスプロセスの調査・検討が欠かせない。この調査・検討は、これまでは人間がするしかなかった。そのことがRPA導入にコストと時間がかかる原因となり、また自動化を大規模に展開することを難しくしてきた。そこで、AIを利用して、ビジネスプロセスの調査・検討をサポートするツールを開発して、自動化をスタートしやすくすることにしたのである。さらに、自動化した後に、その効果を測定するツールも開発して、より高度な自動化を目指せるようにした。つまり、自動化の検討段階から結果の測定まで、自動化の過程全体をエンドツーエンドでサポートするプラットフォームを構築しようと考えたのである。

次に、2つ目の観点である「自動化できなかった業務への対応」について説明しよう。仕事の中には、非定型で複雑であったり、人の判断が必要な部分があるため、とても自動化には向かないように見える業務もある。このような業務が自動化の拡大を阻んできたわけだ。だが、そのような業務でも、よくよく調べてみれば、その中に定型の単純作業や繰り返し作業が含まれていることが多い。それなら、自動化できる作業は自動化し、人の判断や関与が必要な作業はロボットが人の判断を仰ぐようにして、人とロボットが協働する仕組みを作れば、これまで自動化できないと思われていた業務にも自動化を拡大していける。そうなれば、すべての業務をエンドツーエンドで自動化することが可能になる。

人（現場）とＲＰＡとＡＩの協働によって自動化を広げ、高度化する。これが私たちの目指す方向となったのである。

時を同じくして、世界有数のリサーチ＆アドバイザリ企業であるアメリカのガートナーが「２０２０年の戦略的テクノロジ・トレンドトップ10」において1位に取り上げたのが「ハイパーオートメーション」である。ハイパーオートメーションとはガートナーが提唱したコンセプトで、以下のように説明されている。

「ハイパーオートメーションは、複数の機械学習（ＭＬ）、パッケージ・ソフトウェア、自動化ツールなどを組み合わせて一連の仕事を実行する概念と実装です。ここでは、ツールセットの幅広さだけを議論するのではなく、自動化のあらゆる手順（発見、分析、設計、自動化、測定、モニタリング、再評価）を考える必要があります。すなわち、ハイパーオートメーションでは、自動化メカニズムの範囲や、そうしたメカニズムがどのように相互に関連し、それらをどのように組み合わせて調整できるかを理解することが重要です。

このトレンドは、ロボティック・プロセス・オートメーション（ＲＰＡ）から始まっています。しかし、ＲＰＡだけではハイパーオートメーションとはいえません。ハイパーオートメーションでは、ツールの組み合わせによって、人がタスクに関与している部分を模倣できるよう支援することが必要になります」（出典：ガートナー　２０１９年11月13日付ニュースリリース「ガートナー、２０２０年の戦略的テクノロジ・トレンドのトップ10を発表」）。

これを私は、「〝人〟中心で、人に優しく現場に着目して、ＲＰＡ、ＡＩ、プロセスマイニングなどの技術を、単独ではなく組み合わせて利用し、単純ではない知識作業の業務までエンドツーエンドで自動化の範囲を拡大すること」と解釈している。ハイパーオートメーションは、仕事の中核を成すワークフローを変え、デジタルトランスフォーメーションを実現するのに必須なものと言えよう。

ＵｉＰａｔｈは、ハイパーオートメーションの実現に向けて、ＲＰＡメーカーとしていち早く、２０１９年10月に４製品から17製品へと製品ポートフォリオを拡張し、２０２０年から日本語での提供を開始している。そのうち8製品はＡＩ製品である。

お客さまから見れば、ロボットを作ることが目的なのではなく、ＲＰＡのロボットとＡＩを使いこなして成果を上げることが重要だ。そのために、実際に自動化を活用して業務を行うロボットの使い手とロボットの作り手をつなぐ、さらにＡＩともつながり成果を最大化していく、それをトータルでサポートする意図でプラットフォームを構築している。新たに実現した機能を、順に説明しよう。

◆発見――自動化すべき業務の選定

先述のように、業務の自動化において、まずやらなければならない作業が、どの業務を自動化するかの見極めだ。システムのログを分析して新しい業務フローを考えるプロセスマイニング、実際に人が行っている作業をデスクトップの操作から分析して自動化を考えるタスクマイニング、そして作業を記録して自動化ワークフローの開発を容易にするタスクキャプチャーの3つのアプローチで、ＡＩも利用してプロセスの再構築と自動化に最適な要素を発見するツールを提供している。

実際の自動化での現場では、効果測定（ＲＯＩ）によって業務を見極め、解析していく過程で、分析結果に基づいて、現場の人間をはじめとする関係者が会話をして、要望を交換したり集約して意思決定をサポートすることも重要だ。こういったコラボレーションを円滑に行うためのオートメーションハブというツールも提供し、自動化のアイデアに強みを持つ使い手と開発に強みを持つ作り手をつなぐコラボレーションを容易にした。

◆開発——ロボットをより簡単に、より素早く作る

従来のロボット開発ツールに加え、現場担当者向けに、より簡単にロボットを開発できるツールを製品に加えた。また、RPAの開発だけでなく、システム開発において大きな時間を要する検証に対してのソリューションとしてテストの自動化機能も加えた。これによってRPAの開発生産性の向上が可能になる。

◆管理——より多くの企業でロボットを統一的に管理可能に

ロボットの実行状況管理ツールは従来から提供しており、その管理性により数千台のロボットを稼働させることが可能になっている。多くの企業にRPAの導入が進む中で管理性やガバナンスの担保の重要性が高まっていることに対応し、同等の管理ツールのパブリッククラウド版を追加した。これにより、従来よりも素早く、かつ容易にロボットの統一的管理を利用できるようにした。さらに、ＡＩを速やかに業務に活用するプロダクトも提供し、ＲＰＡとＡＩの連携により自動化の範囲を圧倒的に広げることを可能とした。

◆実行——正確で素早い自動化処理の実行、業務アプリケーションとの連携を簡単に

自動化を実行する際に求められる正確さと素早さは従来も第一優先事項として開発してきており、多くのユーザーの皆さまにご評価いただいている。さらに活用の幅を拡げるために各種アプリケーションとの連携を迅速に実現するためのパーツをより拡充し、基幹システムや業務システムにおいて広く利用されているアプリケーションをロボットと簡単に接続できるようになっている。

◆協働——必要に応じてロボットが人間の指示を求め、自動化を進める

業務の自動化領域を見極める時に、自分の仕事は複雑で、例外が多く判断作業が入っているので、とても無理だという話もよく聞くが、実際には、非定型の仕事の中に、単純作業がたくさん含まれていることも多い。ＲＰＡ、各種のＡＩ、既存のシステム、そして人間の協業をスムーズに実現して、非定型業務の自動化を実現するのが協働のコンセプトである。

請求書の処理で、届いたメールに請求書があれば見つけて必要な情報を会計システムに入力し処理してくれるロボットを使うとしよう。そこに協働ツールを使えば、必要な情報が欠けていたり、会計システムの発注情報と請求書の内容が異なっていた場合に、自動的に人間に対応を求めるプロセスを起動してくれる。人間が確認や修正をすれば、ロボットは残りの作業を自動的に行ってくれる。また、自動化プロセスの途中で、人間に判断を仰いだり、人間に承認を求め、承認後に続きのプロセスを行うといったことも可能になる。「Human in the Loop」と呼んでいるが、人間を真ん中に置いたＲＰＡやＡＩと人間との協働を、簡単に実現できるようになる。

さらに、協働性を高めるためにロボットを日常的により使いやすくする機能も追加する。具体的には、ロボットの起動や協働状況の確認、または業務に関連するデータ表示（たとえば、ロボットによる今日の入金消込み作業を実行した場合は、その入金と紐づく請求書情報の表示など）をひとつにまとめた画面を簡単に作成、利用できるようになる。

◆測定――ロボットの稼働状況に加え、ビジネスの状況まで可視化

これまでもロボットの稼働状況はモニターできたのだが、それに加えて、ＲＰＡ運用パフォーマンスや仕事に与える効果も測定できるようになった。ＡＩを利用してロボットの稼働率や削減効果のボトルネックを予測したり、文章によるサマリーを自動生成させることもできる。さらに、ロボットの作業内容から自動化で取り扱われている売上や資金など、ビジネスの状況そのものも測定できるＢＩツールとしても利用できる。

先述のように、これらの新しいツールの多くはＡＩを利用している。新たなデジタル技術を貪欲に取り込みながら、自動化すべきプロセスの発見から効果の測定まで、自動化のあらゆる局面を支え、ハイパーオートメーションの推進をサポートしていくというのが私たちの役割だと考えている。

人財がど真ん中のデジタルトランスフォーメーション

ＲＰＡは、ハイパーオートメーションの拡大によって、既存のシステムやＡＩだけでなく、ＩｏＴなど、進化するすべてのデジタルテクノロジーをつなぎ、人に優しいオープンなデジタルプラットフォームになっていく。また、「A Robot for Every Person」を進めていけば、RPAのロボットを使いこなす人財、ロボットを作る人財がそれぞれの現場で増えていき、このようなデジタル人財を擁する企業も増えていく。このテクノロジー面での拡大とデジタル人財の広がりが合わされば、より多くの企業において、現場を核にしたデジタルトランスフォーメーションが進んでいくはずだ。これを私たちは「人財がど真ん中のデジタルトランスフォーメーション」と呼んでいる。

日本においてデジタルトランスフォーメーションが必要な理由として挙げられるのが、生産性の低さであろう。2018年、日本の1人当たりの労働生産性はOECD加盟国中20位、先進7カ国の中では最下位となり、とりわけホワイトカラーの生産性向上が求められている。そもそも少子高齢化による労働力不足は深刻になりつつあるが、すぐに改善されるものではない。生産性向上のためには、ホワイトカラーが担ってきた業務の自動化が急務だ。

これまで、仕事で人間性を発揮するよりも、むしろ機械のように正確かつ確実に業務をこなすことが求められてきたのではないだろうか。ひとつのミスもなくデータを入力し、確実なチェックを行い、綿密な計算をするなどの業務が重要視され、それを遂行できる能力が求められてきた。つまり、人間らしさは必要のない領域に膨大な時間を割かなければならず、それこそが美徳とすら考えられてきたのではないだろうか。私が長く身を置いた金融業界においてはダブルチェックというのは広く行われており、何かミスがあるとダブルからトリプルへと、ミスのたびにその数が増えていった。

つまり現場の人間の生産性が低いわけではなく、むしろ生産性の低い業務の仕組みに組み込まれているから生産性が上がらないというのが実態だろう。

しかし、デジタルツールの進歩は確実に進み、RPAやAIなどのテクノロジーは、すでに誰もがすぐにアクセスできるところに存在している。ロボットを使いこなしさえすれば、生産性の低い業務の仕組みを見直して、人間が機械のような仕事をする必要はなくなり、人間だからこそできる仕事に集中して社会に貢献することができる。ロボットに仕事を任せることは、手抜きでもなければ楽をすることでもない。また、ロボットにきちんと業務を教えれば、ミスをすることがないので、ダブル、トリプルチェックは不要となる。ロボットでもできる仕事に費やしていた時間が自動化によって人間に返還されれば、自由な時間が生まれ、その分、あなたがやりたかった仕事ができるのだ。仕事に発想力や想像力を生かす人間が増えれば、それは社会に好循環を生むだろう。

生産性の低さは、人材のミスマッチが起き始めていることも大きな要因である。しかし、これはこれまで述べてきた考え方に基づいてデジタルを上手く利用することで解決の道筋が見える。第1章でも述べたように、事務職が過剰になり、専門職が足りなくなるという「スキルのミスマッチ」が進んでいるが、業務に精通した事務職がロボットを作成できるようになったらどうだろう。蓄積してきた業務フローの知識を生かし、現場の自動化を図ることができれば、その部署、その企業の生産性は格段に上がるだろう。むしろ、現場の業務を熟知した社員ほど改善を志向できるはずであり、イノベーションを起こすことができるのではないだろうか。

現場を知る人、ホワイトカラーが自動化の旗手になることで、日本で起きている人材のミスマッチも解消することができると私は考えている。たとえば、従来のあらゆるアナログ業務や手作業を洗い出し、ＲＰＡ×ＡＩを駆使して自動化を行う。現場を知る業務担当者にはそれができ、同時にＲＰＡの使い手となることができる。つまり、現場を熟知している人ほど、デジタル人財に向いているということだ。人に優しいテクノロジーであるＲＰＡ×ＡＩなら、仕事をよく知るシニアにも、ＲＰＡのロボットを部下にして再び活躍するチャンスが出てくる。逆に、20～30歳代の人も、ＲＰＡ×ＡＩを使いこなせなければ、よりデジタルに親しんだ次の世代が社会人となる頃には化石となってしまうかもしれない。ひとりひとりがＲＰＡ×ＡＩを使いこなせるようにすることが大事なのだ。

日本のイノベーションは、常に現場で起こってきた。ＲＰＡとＡＩのような、現場の生産性と創意工夫を助けるテクノロジーの提供と、それを使いこなす人財の育成こそが持続的な成長と変革を実現する。つまり、デジタルトランスフォーメーションとはＲＰＡ×ＡＩを使いこなす人と組織に変革することだと言える。そして、人間ならではの発想や、顧客とのコミュニケーションの強化が、より良いサービスや高い品質、さらに新たな製品の開発につながり、自動化もより高度にしていくというスパイラルができ上がるのだ。

イノベーションはシリコンバレーの天才エンジニアだけが、「ゼロから１」で起こすものではない。日本でも、働く現場で必ず起こせるものだ。私は、日本の現場の力を信じている。

将来のＲＰＡ×ＡＩと〝インディビジュアライゼーション〟

それでは、ＲＰＡとＡＩによる自動化は、今後、どのように進んでいくのだろうか。この本の執筆に当たって、私は、ＵｉＰａｔｈの共同創立者でＣＥＯであるダニエル・ディネスや製品とエンジニアリングを統括するテッド・クマート、最高製品責任者のパラム・カロンとそれぞれディスカッションをしてみた。

ＲＰＡのロボットがより人に優しくなり、人との協働を加速させ、ひとりひとりが使いこなせるツールとして進化していく、そしてＲＰＡとＡＩが、人間のためにほかのテクノロジーとつながり働いてくれるというのが私の理解している方向性だ。

ＵｉＰａｔｈが目指す将来のＲＰＡ×ＡＩとは、以下のようなものだ。

・ロボットが人間と共に仕事をして、人間のしている作業を観察することで、予測可能な作業を自動化するのをサポートしてくれる。それも、組織全体で統一された自動化だけでなく、ひとりひとりの仕事のやり方に合わせた自動化を実現してくれる。

・ロボットは、問題に遭遇すると、問題点を自己修復するようになる。さらにほかのロボットと協力し、知識を共有して問題に対処するようになる。これによって、環境の変化などによってロボットが動かなくなるといった事態を避けることができるようになる。

・ロボットが、メールの下書きを作成したり、自動的に応答してくれる。会議の準備のために人間にタスクを提案したり、会議が終わった後にまとめのメモを作成したりしてくれる。これによって、人間は、予定管理やメールの応答に多くの時間を費やすことから解放される。

・ロボットが、人間のスケジュール等から次にやるべき仕事を予測して、リコメンドしたり実行したりしてくれる。

このように、RPAのロボットが、AIの力によって人間のような認知能力を持ち、より自動化の範囲を広げることができるようにする。そしてロボットに対して、自然言語のような自然なインターフェースでコミュニケーションできるようにし、テクノロジーの存在を感じさせないようなものにしていく。

そこでとても重要な点は、私たちは、よりひとりひとりに合わせた自動化の実現を目指しているということである。GAFAに代表される海外の巨大IT企業もまた、ユーザーひとりひとりにパーソナライズしたサービスを提供することでビジネスを拡大してきているが、私の考える「ひとりひとりに合わせる」とは、これとはまったく異なるものだ。GAFA型の「パーソナライゼーション」は、膨大な情報を収集し、その分析をもとに作り出したアルゴリズムでユーザーに合わせたサービスを提供しているのではないか。動画を見ても、本を買っても、履歴等に基づいたAIによるリコメンデーションが表示され、ユーザーはそれについ反応してしまう。そのアルゴリズムはGAFAによって提供され、決定される。私たちはそのロジックを知らない。だが、それで良いのだろうか。

ひとりひとりが自ら必要な情報を集め、判断し、行動するようなあり方を、私は「インディビジュアライゼーション」と呼んでいる。これこそ本来目指すべきものではないだろうか。ただ提示されたものの中から選んでいくだけでは、個性が発揮できず創造性も失われ、進歩も止まってしまいかねない。誰かからのリコメンデーションを判断基準にするのではなく、自分で情報収集して判断をし、行動することが、個人を強くし、社会に活力を生むのではないか。

ただ、これまでは、自分で決めて自分でやろうとしても、それをサポートして実現してくれるツールがなかった。ＲＰＡとＡＩによって、現在、企業レベルではそれが実現できるようになりつつあるが、今後の進化によって、すべての人にその可能性が広がろうとしているのだ。

ＲＰＡとＡＩが進化する先には、人の行動や要望に応えて即座に様々なシステムやツールを組み合わせて自分専用の自動化を実現してくれる、新たなアプリケーション開発の方法が見えてきている。必要な情報を、検索サイトだけではなく専門的な情報を集めたサイトやＳＮＳ、自分自身で作った文書などから横断的に収集し、用途に合わせて自分に必要な形に整理して見せてくれる情報検索ツール。自分自身の好みや履歴から適切なＥＣサイトを選んで必要な商品を探して比較してくれる購入ツール。こういったものを、自ら作って利用し、育てていくことができるようになる。

私は京都が好きでよく訪れるのだが、春や秋には、桜や紅葉の名所とベストな時期、それに気に入っている宿泊先の空室情報を複数のウェブサイトから得てマッチングさせるロボットを稼働させて、思い立ったらすぐに最新の情報を取得し、新幹線に飛び乗ることができるようにしている。

あなたの思いを持ったロボットがつながり合うことで、ひとりひとりに合わせ、人に寄り添うテクノロジーを構築するのである。

エンパシーが人に優しいデジタル社会を作る

今は、ビジネスでもプライベートでも非対面・非接触でのコミュニケーションが求められることが増えており、人間関係から温かみが消え、冷たいものになりがちだ。そこで、人と人のつながりを強くするために必要なのが、第2章でも述べたエンパシーだ。

ここまで日本の特徴として挙げてきたおもてなしの気持ちや品質へのこだわりとは何か、よくよく考えてみた。相手を思いやるからこそいいサービスをしようと思うし、良い製品を作ろうとするからこそ品質にこだわる。日本の強さを支えていた重要な要素のひとつはエンパシーだったのだ。そしてデジタルの世界では、エンパシーが再び日本の強みになる。エンパシーがあるからこそ、圧倒的に良いデジタルサービスを作ることができ、それはどんどん社会に広がっていくのではないだろうか。

思いやりやおもてなしの発想が、社会の課題にマッチしたサービスを生み出す。そして、エンパシーを持ってロボットを使いこなすデジタル人財が社会に必要なサービスを次々と作り、それらが社会全体に広がり、すべての人がデジタルの恩恵を受けられる社会こそが日本型のデジタル社会の形である。

サービスを受ける側に優しい、エンパシーのある技術は日本が得意とするところだろう。相手の気持ちを考えることができるからこそ、きめ細かい、かゆいところに手の届くようなものを作れるのである。

たとえば、これまでＩＴ化を進めるのが難しかった中小企業でも、ロボットで事務作業を自動化してコアビジネスに集中できたり、ロボットの力を借りることで１０００人分のロボット力を確保し大企業並みの規模のビジネスを展開できたり、競争力のあるサービスや事業を新たに立ち上げるリソースを確保できるようになる。あるいは地方からでも都市部や世界各地の情報をもっと簡単に自由自在に収集できるようになる。

企業だけでなく個人向けにも様々なサービスの可能性が広がる。シニアに対しては、年金や社会保障等の手続きや問い合わせを自動的に代行してくれるサービスや、リタイア後に知識と経験を生かして仕事をするのを助けてくれるサービスが登場する。ロボットが代わりに作業をしてくれるようになれば、子育て中でも、短時間で大きな成果を上げられるようになる。

このエンパシーは、ＲＰＡのユーザーコミュニティの多様性にもみられる。ＩＴを専門とするユーザーだけでなく、現場や事務職の人材も、ユーザー同士で自発的に情報を集め、楽しみながら、お互いのノウハウの共有やスキルアップのための交流をしているのだ。ＵｉＰａｔｈがユーザーの交流のために立ち上げたユーザー会だけでなく、２０１９年にはユーザーが主体となって運営する公式のコミュニティ「ＵｉＰａｔｈ Ｆｒｉｅｎｄｓ」も発足し、企業や立場、地域の垣根を越え、ユーザー同士の情報交換が盛んに行われている。ユーザー同士が横のつながりを作り、教え合い、支え合い、お互いの成長を促し、熱意を持って情報交換や発信に取り組んでくださっている。こうしたユーザーの熱量が、周囲の共感を生み、ユーザーの輪を広げて来ている。

次のステップとして、私たちはＲＰＡをＡＩや様々なデジタルとつないでハイパーオートメーションを進めることによって、ＲＰＡ導入のハードルを下げ、１００万人のデジタル人財を生み出すことに挑戦している。ＲＰＡ導入の目的も、自動化による生産性向上から、働きがい改革やクリエイティブな仕事をできる環境創出へと広がっている。

人財がど真ん中のデジタルトランスフォーメーション

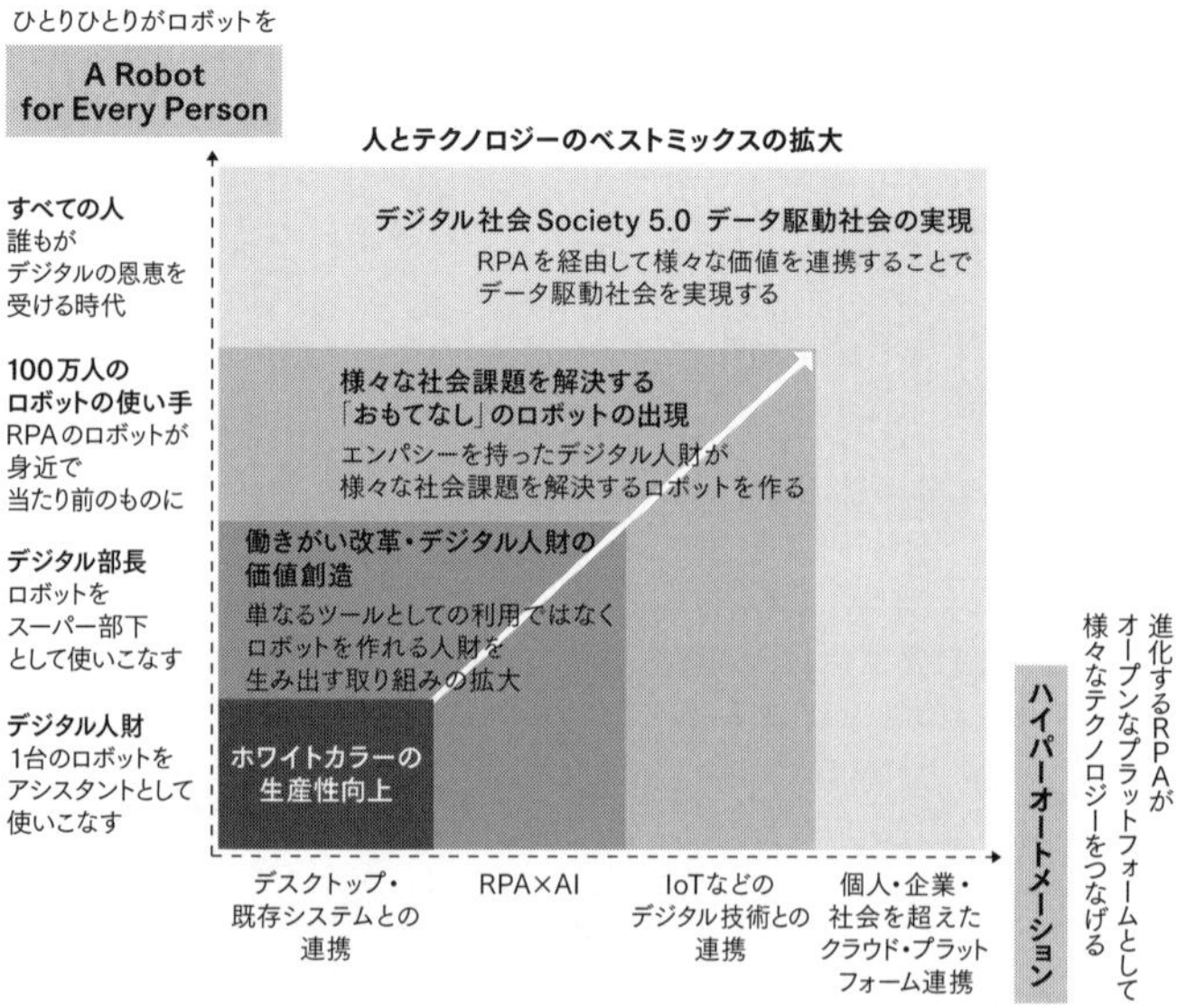
ひとりひとりがロボットを
A Robot for Every Person
人とテクノロジーのベストミックスの拡大
すべての人
誰もがデジタルの恩恵を受ける時代
100万人のロボットの使い手
RPAのロボットが身近で当たり前のものに
デジタル部長
ロボットをスーパー部下として使いこなす
デジタル人財
1台のロボットをアシスタントとして使いこなす
デジタル社会Society 5.0 データ駆動社会の実現
RPAを経由して様々な価値を連携することでデータ駆動社会を実現する
様々な社会課題を解決する「おもてなし」のロボットの出現
エンパシーを持ったデジタル人財が様々な社会課題を解決するロボットを作る
働きがい改革・デジタル人財の価値創造
単なるツールとしての利用ではなくロボットを作れる人財を生み出す取り組みの拡大
ホワイトカラーの生産性向上
デスクトップ・既存システムとの連携
RPA×AI
IoTなどのデジタル技術との連携
個人・企業・社会を超えたクラウド・プラットフォーム連携
ハイパーオートメーション
進化するRPAがオープンなプラットフォームとして様々なテクノロジーをつなげる

そしてそこでエンパシーを持ったデジタル人財が輩出されるようになれば、さらに次のステップへと進むことができる。日本中の多くの現場から、人に優しいロボットが作り出され、社会課題を解決していくだろう。

そして最終ステップとしては、RPAをオープンなプラットフォームとして様々なデジタルサービスが連携し、個人、企業、そして社会をつなぐ、真の意味でのデジタル社会が実現されるだろう。そこでは、あらゆる人がロボットを使いこなし、その恩恵をフルに享受することができるようになる。

「簡単・大量・簡単な繰り返し」の自

動化から始まったＲＰＡは、日本人ならではのエンパシーを身につけることで、デジタル社会のインフラとなり、社会課題解決の要にもなるツールへと変貌を遂げつつあるのである。

日本から世界へ

私は、日本はすでにデジタル分野でアメリカや中国に大きく遅れを取っており、ＡＩについても、これから日本単独でアメリカや中国を追い抜くことは難しいかもしれないと感じている。しかし同時に、日本の強い現場とＲＰＡとＡＩの掛け合わせである「ＲＰＡ×ＡＩ」のデジタルの分野なら、日本が世界をリードすることができると確信している。

２０１６年1月に閣議決定され、日本政府が策定した「第５期科学技術基本計画」に登場する「Society 5.0」という概念は、今後の日本の成長戦略で重要な役割を担っている。狩猟社会（Society 1.0）、農耕社会（Society 2.0）、工業社会（Society 3.0）、情報社会（Society 4.0）に続く新たな社会を指すもので、情報があふれている現在（Society 4.0）の課題を、ＩｏＴやＡＩなどの最新テクノロジーを活用して解決したスマートな社会が「Society 5.0」というわけだ。

しかし、この素晴らしいコンセプトの実現のためには、２つの大きなチャレンジがある。

1つ目は、企業ごと、役所ごとに分断された現在のレガシーシステムの存在と、紙を前提とした行政手続きや商習慣だ。そして2つ目は、IT人材不足。先述のように、労働者構成のミスマッチも深刻だ。

1つ目のチャレンジであるレガシーシステムについては、これを解決するために莫大なコストをかけ、リスクを負って、大規模でまったく新しいシステムを構築するというようなことは、今の日本においては現実的とは言えないだろう。ならばどうすれば良いのか。その答えは、既存のレガシーシステムを有効活用しながら、AIをはじめとする先進デジタルテクノロジーとRPAでつなぐことだ。2つ目のチャレンジであるIT人材不足も、前述したように、リカレント教育による、業務をよく知る事務職のデジタル人財へのトランスフォーメーションで対応できないだろうか。

RPAの〝つなげる力〟が、「Society 5.0」の実現に大きな役割を果たすのだ。RPAを、「Society 5.0」の基礎技術のひとつとして検討していただくのはどうだろうか。「Society 5.0」ではRPAは単なるビジネスツールに留まることなく、社会インフラにも不可欠なツールとなるはずだ。そしてこれは、「RPA×AI」がひとつのデジタル産業になることを意味している。

そもそも日本のRPAは世界のどこよりもクオリティが高いと私は自負している。すでに述べたように、一般的には、ＲＰＡが自動化するのは「簡単・大量・単純な繰り返し」作業とされているが、日本の企業がＲＰＡに求めるのは複雑で少量で、多様な分岐のある作業やプロセスの自動化だ。それを実現するために、現場の仕事を熟知する人が主体となってロボットを使いこなし、「現場主体のイノベーション」を実現してきた実績は世界に誇るべきものである。そしてそれは、日本発のイノベーションとして、世界のＲＰＡの進む方向をも変えてきた。「ＲＰＡ×ＡＩ」においても、日本は日本人らしいエンパシーを持つ、心づかいのあるロボットを生み出すだろう。そうなれば、世界をリードすることもできるはずだ。

そして、少子高齢化や人材のミスマッチをはじめとする〝課題先進国〟である日本で生まれたサービスには、世界全体で大きな需要があるはずである。日本で生まれたロボットが、世界各国で使われることになるのだ。「ＲＰＡ×ＡＩ」は、日本を代表する新たなデジタル産業へと進化するとともに、日本だけでなく世界を元気にしていくと、私は確信している。

次章以降では、社会に先行してＲＰＡとＡＩを導入し活用またはサービス提供していらっしゃる企業や自治体、大学のキーパーソンを訪ね、それぞれの立場から見たＲＰＡとＡＩについて、お話をうかがっていこう。

第 5 章

RPA導入で人間は人間がするべき仕事を

わずか3年で世界最高レベルの RPAとAI活用企業へ

対談

株式会社三井住友フィナンシャルグループ
取締役 執行役社長 グループCEO
太田 純 氏

ＳＭＢＣグループは、２０１７年４月からＲＰＡの本格導入をスタートし、業務改革とＲＰＡで、３年間で３５０万時間相当の業務量を削減するという世界最高レベルの効果を上げてきた。２０１７年当時、國部毅社長（現会長）の下、グループ全体の生産性向上を考え、ＲＰＡ導入を指揮したのが、当時副社長でありＣＤＩＯ（Chief Digital Innovation Officer）の任を担っていた現社長太田純氏だ。ＳＭＢＣグループでは、グループ内でのＲＰＡ活用に留まらず、そこで得られた経験やノウハウを他企業や社会全体に還元しようと、２０１９年にはＳＭＢＣバリュークリエーション株式会社（代表取締役　山本慶氏）を設立し、多くの企業や組織の生産性向上のサポートに取り組んでいる。

太田 純 氏

1958年生まれ。1982年、住友銀行入行。投資銀行業務、三井住友フィナンシャルグループCDIO、副社長、三井住友銀行副頭取等を経て2019年4月から現職。2020年6月に日本経済団体連合会副会長に就任。

日本におけるＲＰＡをワールドクラスに先導したとも言える太田純社長に、導入の狙いと成果をうかがった。

3年間で350万時間創出
成功に導いたのは危機感とリーダーシップ

長谷川　御社は、２０１７年４月の導入からわずか3年で、ＲＰＡによる生産性向上の世界のトップランナーになられました。私自身も日本を元気にしたいという想いから２０１７年２月にＵｉＰａｔｈの日本法人をひとりで立ち上げ、日本発の日本型ＲＰＡを世界の標準にすると発信し続けてきたという経緯から、非常にご縁を感じております。そもそも御社がＲＰＡを導入されるには、どのような背景があったのでしょうか。

太田純社長（以下、敬称略）　停滞する経済状況や不安定な国内・海外市場の中で、いかに強靭な収益体制を作るか、そしていかに経費を減らしていくかが大きな課題のひとつとなっていました。しかし、出てくるアイデアは出張費を減らしましょうなど、ちまちましたものばかり。これは発想自体を変える必要がある。業務量そのものを大幅に削減して仕事の効率化を図り、生産性を上げていかなければ生き残ってはいけない、どうやって優秀な人をルーティーン作業から解放するか、新しい成長するビジネスモデルに投入できるかがカギになるという強い危機感を感じていました。そんな頃に、いくつかあったツールの中で、我々のやりたかった、「ビジネスすべてにおいて、従業員が主体となってデジタルトランスフォーメーションを進める」という思想と合致していたのがＵｉＰａｔｈのＲＰＡ製品でした。御社には、チームとして事細かなサポートをいただき製品パートナーとして伴走していただきました。

長谷川　同じツールを使っても、成果を上げていらっしゃる企業とそうでない企業があります。私自身は、そこにトップの真のコミットメントや企業としてのＤＮＡが強く関係すると考えています。当社はグローバルの企業として世界中のお客さまのプロジェクトをサポートしていますが、３年というスピードでこれほどの成果を上げられた事例は他にありません。御社のケースでは、ＲＰＡ導入が危機感から始まっているとのことでしたが、成功の理由についてどのように感じていらっしゃいますか。

太田　トップダウンとボトムアップの両輪で取り組んだことだと考えます。２０１７年４月からの３カ年中期経営計画で、あらゆる分野においてデジタルトランスフォーメーション推進による生産性の向上を掲げ、ＲＰＡを切り札として導入しましたが、これを全社的な方針として大きく打ち出したことで、本気で取り組むという意識の共有を徹底させました。私自身もありとあらゆる機会をとらえて、本気でやることを自ら発信しました。

ボトムアップでは、実は導入当初は多くの従業員がＲＰＡという言葉すら知らず、また導入で業務プロセスを変えることに抵抗感がありました。しかし、スタートしてみると、目に見えて成果が上がりました。たとえば営業部門での顧客向け運用リポートの作成です。従来は営業担当者が毎朝出社後に、その日訪問する顧客向けのリポートを手作業で作成していました。この作業をＲＰＡで代替し、ロボットが毎朝営業開始前に各営業担当者のスケジュールからその日に訪問予定の顧客の情報を洗い出し、その顧客が運用する商品の最新情報を収集して自動でリポートを作成するようにしました。営業担当者はロボットから送られてくるリポートをチェックするだけで済み、作業時間を8割削減できました。これにより、さらにより多くのお客さまとの対話に時間を使えることになりました。

このように従業員自身が効果を実感できたことが、導入スピードの加速につながったと思います。変革を成功させるには、従業員が変化に痛みを感じず自らが改革を楽しむ風土作りができるかが最も重要だと考えます。ある事務職の従業員は自ら作ったロボットが感謝されてモチベーションが上がり、Ｊａｖａの資格まで取りました。

長谷川　ＲＰＡの持つ良さが上手く引き出された形ですね。私たちの日本発信のＲＰＡが目指すのは、いわゆるセンター型と呼ばれる大量の簡単で単純な繰り返し作業だけではなく、日本で一番必要とされる、少量の複雑で分岐のある多様な繰り返し作業ができるホワイトカラー型です。そんなＲＰＡが世界の標準になると確信していますし、ＵｉＰａｔｈの世界戦略は、世界で最も要求の厳しい日本のお客さまに応える日本型のＲＰＡを世界に広げることです。御社はこれを実証されました。トップダウンだけではなくボトムアップによる現場への広がりも、当初から狙っておられたことでしょうか。

太田　最初はトップが道筋をつけてリードすることが重要で、いざ動き出せば現場に共感が広がる。そうすれば加速度的に変化のスピードが高まります。最初は疑心暗鬼でも、やってもいいんだ、失敗してもいいんだとトップが後押ししているのを感じてチャレンジできる環境を提供できれば、従業員が成功体験を積むことで、体感を得てマインドセットが変化していきます。そうなれば、後はトップが手を出さなくてもどんどん進んでいくわけです。

長谷川　最初に起動させるのがリーダーシップの力で、ドライブするところまでエンジンをかければ後はスムーズに走っていくという感じですね。さらには、環境を整えツールを業務改善と共に提供するまでの御社のスピード感がなければ、ここまでドライブすることは難しかったし、私たちのツールが使えることも証明できなかったように思います。また太田さんのおっしゃっていることは2年前にお会いした時からまったくぶれていませんね。

太田　ありがとうございます（笑）。スピード感は非常に重要です。成果を実感してもらうという意味でもそうですし、人間が集中できる時間は限られているため、一気に進めてしまわないと大きな車は転がらないとも言えるでしょうね。一方、ボトムアップには地道な積み上げが必要です。当社ではその一環として、ＲＰＡの活用事例を、私の似顔絵付きのポスターにしてトイレに貼り出しました（笑）。否が応でも従業員の目に留まり、モチベーションアップにつなげる良いツールになっています。

長谷川　金融機関のイメージが変わりますね（笑）。今回の実績をもとにグループ内でのＲＰＡ活用に留まらず、そこで得られた経験やノウハウを他企業や社会全体に還元しようと、２０１９年にはＳＭＢＣバリュークリエーション株式会社を設立され、多くの企業や組織の生産性向上をサポートし始められましたね。

太田　私は「社長製造業」になりたいと常々言っています。企業内起業で新しい会社を作っていくものです。これまでに9社作りました。最初のうちは「そうは言っても」と言う人がいっぱいいたので自分でも設立の手伝いをしていたのですが、何社か出てくると私が直接関与してなくてもみんな作り出した（笑）。本気なんだ、やってもいいんだ、失敗しても怒られないんだと従業員が思ったら、動きは変わってきます。そうなれば本物です。

長谷川　社内に向けてのメッセージングも非常に重要ですか。

太田　重要ですね。近々、社内ＳＮＳを始めます。皆、発信したいという欲望があります。「自分はこんなことをやっている」とか「こんな楽しいことをしたい」とか、あるいは「今やっている仕事は本来やりたい仕事とは違う、でもいつかこんなことをしたい」と発信したがっています。これを自由に発信してもらおうと思っています。そうするとそこに「いいね」がついたり、同じような好みを持った人たちが交流し出して、サークルができたりします。定期的に集まって、いろんな夢を語り合いながらビジネスモデルを作っていったり。そこにメンターを入れようと思っています。メンターを入れて、面白いと思ったらアドバイスをする。最後に私がそういう人たちのプレゼンを直接聞く機会を持って、面白いと思ったら事業としてやってもらう。こういう仕掛けを作ろうと思っています。

長谷川　シリコンバレーじゃありませんが、新しいビジネスが起こる場所というのは、社会全体でそういう状態になっています。そういった状態を社内に作って、その中で新しいものや、今本当に必要なものがボトムから湧き上がってくれれば、それを仕事にしようということですね。

太田　そうですね。マグマみたいにぼこぼこ出てくることを期待しています。それをすくい取ってあげたいなと。中堅・若手の従業員6～7人と一緒に、昼食を取りながら語り合う「カタリバ2020」という試みを始めていますが、そこで夢を語ってもらうと、面白い発想を持っている人がいっぱいいます。SNSなどを使って、ぜひこういったアイデアを引っ張り上げていきたいと思っています。

デジタルは「当然」であり「ベース」である その中心にRPAとAIがある

長谷川 コロナ禍にあって、新たに発生したり浮き彫りになった問題があると思いますが、仕事の進め方やお客さまへの対応でどのような変化がありましたか。

太田 デジタル化やリモート化に対するお客さまの意識は格段に高まりました。たとえば、4月で比較すると、2020年は個人のお客さまのデジタルバンキングの利用が前年より36％も増えています。また、従来ビジネスマッチングの際は私たちがお客さま同士を引き合わせていましたが、中小企業のビジネスマッチングサイトをオープンしたところ、商談数が飛躍的に増えています。デジタル化・リモート化の流れは加速していくと思いますし、これはひとつのチャンスになるでしょうね。

長谷川　もともと御社は太田さんが中心となって、前回の中期経営計画からデジタルトランスフォーメーションを主軸に取り入れられていましたが、今回のコロナで状況が加速し、ビジネスチャンスとなっているわけですね。

太田　以前から、私たちが進むべき道は3つあると考えてきました。1つは情報産業化、2つ目がプラットフォーマー化、そして3つ目がソリューションプロバイダー化で、すべてにおいてデジタルが基本になっています。その動きが加速してきたことで、これまで以上にビジネスの成長が速くなるという効果が表れそうです。

長谷川　今回のコロナ禍がもたらしたひとつの側面に、1億総デジタル化があります。本来ならば一生、オンラインミーティングツールのZoomやTeamsなどを使うことがなかった人が、使う機会を得ました。RPAもそうですが、デジタル化のために必要なのは体験してみることで、一度体験するともう手放せなくなります。今回、コロナのせいでデジタル化を進めてみたら思ったよりもスムーズにできた、しかもやってみたらこっちの方がよかった、という事例が全国で起きているのではないでしょうか。

太田　コロナでリモートワークを余儀なくされ、会社に行かないとできない仕事をどうしようかと思っていたら、実はしなくても誰も困らず業務にも支障を来さなかったという事例が少なくありません。そういった気づきの積み重ねが本質的な仕事のやり方を再点検し、デジタル化による新しい働き方を考えるチャンスになっています。私たちはコロナ以前からデジタル化を前提として計画に盛り込んできましたので、その方向性は変わりません。ただし、実行していくスピードが上がっていくという変化はあるでしょうね。私にとってのデジタル化は「当然」であり「ベース」です。すべての戦略はデジタルが前提であり、デジタルなしに新しく戦略を立てることはあり得ません。デジタルというと、仕事のこの部分をデジタル化すると便利になるのでは、という発想をしがちですが、そうではなく、デジタル化していく社会を大前提として、

今後私たちがどう変わっていくべきかを議論しなければ意味がありません。

長谷川　デジタルというビジネスを新しく取り出すのではなく、ビジネス全体がデジタルという発想でビジネスを作っていく必要があるということですね。

太田　おっしゃる通りです。当社のオープンイノベーション拠点である「hoops link tokyo」（東京都渋谷区）は、スタートアップから大企業、官庁まで様々な方にご利用いただいていますが、「社長からイノベーションをやれと言われた、しかし何をやってよいか分からない」という声が非常に多い。私たちは彼らを「イノベーション難民」と呼んでいますが、その数は決して少なくありません。イノベーションをやろうと思うから難しくなるんです。そうではなく、身の回りの困りごとに目を向け、こうしたらもっと良くなるかもしれないという発想を持てば、難しいことではなくなります。同じように、ビジネスのデジタルトランスフォーメーションにおいても、デジタルでどこを変えようという発想ではなく、今後デジタルをベースとした社会になっていくことを大前提にして、そこで自分たちがお客さまのニーズに応えるためには、という発想を持って考えればいいのだと思います。

長谷川　確かに、情報産業化やプラットフォーマー化、ソリューションプロバイダー化という未来像を金融機関のＣＥＯとして掲げられるには、デジタルをベースに発想することが不可欠ですね。

太田　融資、預金、決済といった金融の基本機能は今後も残っていくはずですが、それを誰が、どのように果たしていくのかという点では、大きく変わってくると感じています。必ずしも銀行と呼ばれる組織が今後もその機能を果たすものとは限らない。そんな時、銀行というコンセプトに凝り固まっていると、私たちは社会から取り残されてしまうでしょう。自分たちが持つリソースを使って何をやっていくべきなのかという発想に立ち返り、銀行だから、金融機関だからという発想を捨てて今後の針路を決めていかなければ。情報産業化はすぐにできるわけではありませんが、私たちが今持っている無形資産の中で最も重要なものは情報とデータです。バランスシートに載っていないこれらのアセットをどう使って収益化していくのかが、今後の勝負になってくるでしょう。それが上手くいった時に、これまで培ってきた銀行としての信用力や顧客基盤が生きてくるはずです。

私は、デジタルは「当然」であり「ベース」である、その中心にRPAとAIがあると思っています。RPAとAIをどう上手く組み合わせていくか、定型業務を正確に素早くこなすRPAにどうやってAIを活用して可変性という魅力を出していくか。平易に言えば、これらを優秀な執事としていかに従業員を支援させるかをこれからも考えていくよう、みんなには話しています。そのためにも、これからもＵｉＰａｔｈさんとがっちりタッグを組んでしっかりやっていきたいと思っています。

創出できた時間で人間が創造的な仕事を行う

長谷川　ＵｉＰａｔｈのグローバルビジョンは「A Robot for Every Person」で、これは日本発のビジョンです。あくまで人間が中心で、ひとりひとりがロボットを使いこなし、そのロボットの先にＡＩがあることによって実現するビジョンだととらえています。たとえば、ＡＩを人間にたとえれば、ディープラーニングが脳を、画像認識は目を、チャットボットは耳や口の役割を担います。そしてデジタルデバイスや既存システムが手足のように働いて実際の処理を行う。これらをつなげる神経系の役割を担うのがＲＰＡなんです。

太田　人間が中心というのは私としても長谷川さんと共通しているコンセプトであり、ロボットは、言えば働くだけのものではなく、人間のパートナーとなって生産性を上げていくものだと考えています。ＲＰＡとＡＩの親和性を考えると、私たちのＲＰＡジャーニーも次のステップが非常に楽しみですね。

長谷川　もとより銀行をはじめとする金融グループは、優秀な学生や人材に選ばれている業種です。優秀な働き手が事務作業から解き放たれ、自らがデジタル化の旗手になることで、日本の金融機関はまったく新しい業種に発展し輝いていくのではないでしょうか。

太田　間違いなく、労働力の減少は進んでいきます。そのため、従来通りのプロセスを続けていては仕事が成り立たなくなっていきます。だからこそ、人間が担う仕事量をいかに減らしていけるかが重要になります。その時に自分自身でRPAとAIを使えれば、生産性が上がり、より高度で付加価値が高い仕事を人間ができるようになっていきます。

長谷川　御社におけるRPA導入の取り組みは、まさに人とRPAとAIと既存のシステムとのベストミックスの実現ではないでしょうか。たとえば、金融機関の持つレガシーシステムをそのまま使っていては、ペイメントシステムではアップルペイ等の新興勢力に生産性で追いつけないかもしれません。しかしレガシーシステムをRPAで新しいデジタルテクノロジーとつなげれば相乗効果が生まれ、これまでの投資と業務の集積を活用できます。現場が既存のマニュアル作業にとらわれたままなら不可能かも知れませんが、業務知識を持つ人がデジタルを使いこなすことができれば、対抗どころか勝つことも不可能ではありません。

太田　私たちが持っている強固なプラットフォームを活用して何ができるかという発想を忘れなけ

れば、新しいサービスにはさほどの脅威はありません。逆に私たちが今のままの有り様で今のままのサービスしか提供できなければ、淘汰されていくでしょうね。情報やデータは私たちが持っているバリューであり資産です。これをどう加工してどう還元していくか。そのためにもRPAとAIは非常に役立つツールとしての役割を担っていくと思っています。

長谷川　そして、それを使いこなせる「ロボット人財」が増えることで、情報やデータの価値もますます上がっていくわけですね。

人間が一番の財産　個人の力を組織の力に

長谷川　今、10代の子どもたちはデジタルにすっかりなじんで育っています。この世代が社会人になると、RPAのロボットが難しいなどとは感じないし、AIもスプレッドシートのような形で使いこなせる人財となる。ということは、現在の20代、30代の人材は、今のうちにデジタルリテラシーを上げておかないと、活躍の場が失われ化石扱いされることにもなりかねません。

太田　現在当社で行われている社内教育も、まずデジタルへの拒否反応をなくすという目的があります。技術的な言葉が飛び交っていても後込みしないように、少なくとも好奇心を持ち、言っていることが分かる人材にならなければいけない。

長谷川　御社のRPA導入プロジェクトでは、研修によるRPA開発人財の育成を行い、およそ1200人の従業員が自らロボットを作り、活用されています。これらの教育はある意味、ミドルマネジメントに対する示唆なのでしょうか。

太田　そうですね。RPAをあって当たり前のものとするため、一気にスピード感を持って強力に導入し、すぐに成果が上がったことがよかった。RPAがあることが極めて当然となるまでに、3年ほどしかかかりませんでした。

長谷川　次のステージとして、RPAとAIを組み合わせたビジネスのイメージはありますか。

太田　DXという観点から言うと、すべてをうまく配置することだと考えています。様々なシーンで切り分けをせず、この部分はAIを使い、ここはRPAのロボットがやっていますというように、全体の流れの中で上手くストリームを作っていくことが重要だと思います。

長谷川　太田社長がおっしゃる通り、一部Zoomにしましたとか、一部RPAを導入しましたとか、一部電子認証を取り入れましたとか、そういった取り組みでは足りません。それらを上手く組み合わせ、RPAとAIでサポートする仕組みを作ることが重要ですね。決して時間とお金をかけて大きな新しいシステムを作ることではない。政府が提唱する「Society 5.0」は素晴らしいビジョンですが、その実現のためにも、今あるものを上手くRPAでつないで、現場の業務が分かる人間のDXが実現して、そこから新しい価値を生み出していくべきです。

太田　その通りですね。社会全体という目線で見れば、どうやってコネクティビティを確保していくかが重要です。私たちも企業内、グループ内で実験を進めていますが、それを社会全体で広めていくことができれば、日本の社会そのものが変わる。生産性が抜本的に向上するはずです。

長谷川　「ニューノーマル」等、新しい生活様式が求められる中で働き方にも変化が起きていますが、御社としてはどのようなビジョンを持ち、どのような価値を世の中に提供していかれますか。

太田　最も重要なポイントを挙げるとすれば、長谷川さんもおっしゃっていたように「人間中心」ということです。コロナ禍でリモートワークが進みましたが、リモートだけではできないこともある。若手従業員の教育は本当にリモートだけでできるのか、コーポレートカルチャーをどうやって伝承していくのかなど、考えるべき点も多いのが現状です。お客さまとの関係構築も、ヒューマンタッチがない中で本当に実現可能なのかという課題も大きいですね。アフターコロナですべてが変わるという話も聞きますが、私は懐疑的です。やはり中心にはヒューマンタッチがあって、生身の人間がいて、人間中心であることには変わりはない。その中でどうやってRPAとAIを使いこなし、パートナーとしていくかという発想が非常に重要です。すべて変わって人間が要らなくなるわけでは決してない。人間中心に、人間がより付加価値を持って生産性の高い仕事をしていく社会になるはずです。その発想を忘れてはいけないと考えています。

長谷川　コロナ禍において浮き彫りになったＲＰＡの特徴のひとつは、「素早く実現できる」ということです。これは、企業の様々な環境変化に、素早く自動化で対応できることを意味しています。一方、私は自動化と人間の関係をここ10年ほど考え続けてきました。これまでの自動化が、本来は人間のためにあるべきなのにもかかわらず、いつの間にかシステム中心となり人間が片隅に追いやられてしまうことに疑問を感じていました。これでは、人間のモチベーションを高めて組織を活性化していくことはできません。これからは、より人間を助けるため、強くするための、「人間に優しいデジタル」でないといけないと思っています。人間の創意工夫をより生かせるような、強化するようなものであるべきと考えています。人間が中心となり、ＲＰＡとＡＩと既存のシステムと新しいデジタルツールを組み合わせて、仕事のやり方を変えていくことが、「人財がど真ん中のデジタルトランスフォーメーション」であると私たちはとらえています。

太田　自慢するわけではありませんが、アフターコロナでこうなると言われている社会は、私たちがすでに想定していた社会です。そのため、将来こうなるだろうと思っていた現象が急激に加速されたというイメージだけで、別段驚きは感じていません。私たちはデジタルとRPA、AIを駆使し、人間の生産性を上げている。そして最後に人間が何をするのかというと、RPA、AIとパートナーになりながら、より高付加価値の仕事をやっていく。別の言い方をすれば、人間は判断が必要な仕事をやっていくということです。私たちは、そういう人財を育てていかなければならないと考えています。人を育てるのはRPAとAIだけではできず、マネジメント能力をどうつけていくか、人間としての魅力をどう育てていくかは、ヒューマンタッチの世界であるはずです。

長谷川　何でもかなえてくれる魔法の杖などどこにも存在しませんし、RPAもまたしかりです。RPAは単なるツールです。一方で、RPAは人間の仕事を奪うとも言われていますが、決してそうではありません。たとえば、人間に1から10までの能力があったとして、RPAがリプレースするのはそのうちの1から4ぐらいまで。AIを加えて5から7とすると、人間は8～10の作業に集中できるようになります。

太田　人間が一番の財産であることは最も重要な事実です。だからこそ、その人が持っている能力、まだ発揮していない能力を含めて、いかに組織の力にしていくか、発揮させるかを考えることが大切です。そのためにも、RPAとAIの力がますます必要になってくるはずです。

オフィスワークの〝3M〟撲滅で働きがい改革を

対談

株式会社リコー 代表取締役 社長執行役員 CEO **山下良則** 氏

２０１８年春からＲＰＡを全社導入したリコー。リコーはこれまでも、現場主導のＫＡＩＺＥＮ活動を行ってきたが、中でもＲＰＡ導入を全員参加型で取り組む「社内デジタル革命」として位置づけ、現場による業務プロセス改善を通した働きがい改革の実現を目指している。通常、ＲＰＡの適用分野はホワイトカラーの事務作業が中心だが、リコーでは、生産部門、設計開発部門など幅広い分野で活用が進んでいる。リコーが掲げる２０３６年ビジョン「〝はたらく〟に歓びを」の実現のためにリコーらしいＲＰＡの導入、血の通った魂のこもったロボット作りを提唱し、トップ自らが社員の幸せのために陣頭指揮する山下良則社長の経営哲学と、社員のための働きがい改革の道のりについてうかがった。

山下良則 氏

1957年生まれ。1980年、リコー入社。同社の生産部門米国法人であるRicoh Electronics, Inc.社長、リコー総合経営企画室長、ビジネスソリューションズ事業本部長、副社長などを経て2017年4月から現職。

面倒・マンネリ・ミスできない――オフィスワークの「3M」の解消を目指す

長谷川　まずは、RPA導入の目的のひとつとされているオフィスワークの「3M」の撲滅についてお聞かせいただけますか。

山下良則社長（以下、敬称略）　私はもともと生産部門の出身で、リコー初の海外部品調達事務所の開設をはじめ、フランスや中国での工場立ち上げや、イギリスやアメリカの生産会社の指揮を執ってきました。その中で、生産現場の3Kと言われる「きつい」「汚い」「危険」な仕事をなくすための自動化等に取り組んできた経験があります。この3つのKの撲滅が現場の一番の関心事で、この改革が働く人のモチベーションを高めます。これができれば、時間短縮や生産性アップなどの効果は後からついてきます。2011年に初めて本社部門に異動となって、同じことがオフィスワークの現場にもないかと見渡してみました。そこで見つけたのが、時間ばかりかかる割には「面倒な仕事」、単純作業の繰り返しでつまらない「マンネリ化する仕事」、そんなに難しくないけれども少しでも間違えたらとても怒られてしまう「ミスできない仕事」です。働く人のモチベーションを下げるこれら3つを、オフィスワークの「3M」と名づけました。

長谷川　2019年10月に開催したイベント、UiPath Forwardの講演で山下さんがこの3Mという言葉を話されるのを聞いて、多くの方が力強く頷いていらっしゃいました。いつ3Mと名づけられたのですか。

山下　2019年の春頃です。すでにRPAの導入は始まっていましたが、オフィスワークの自動化を進めるに当たり、時間短縮や生産性アップばかりを叫んではいけないと感じていました。働いているのが機械だけだったら、時間短縮を実現した分だけ別の仕事を入れることができて、効率も生産性もどんどん上がっていくでしょう。しかし、オフィスで働いているのは生身の人間です。時間短縮が目的となってしまうと、単なる会社都合の生産性向上となり、働く歓びがついてこないでしょう。それでは社員のモチベーションが上がりません。企業の最大の資産は社員のモチベーションであると私は信じていますので、それだけは避けたいと思っていました。オフィスワークからストレスを取り除いて働く歓びを感じてもらうためには、真に撲滅すべき敵を明らかにすることが必要だと考え、3Mという言葉を生み出したわけです。

長谷川　御社ではRPAを、機能、組織をまたいだ全社的な活動と位置づけて導入されておられると聞いています。

山下　リコーでは、これまでも全社で現場の改善を常に推し進めてきました。今は、この改善にR

ＰＡによる業務プロセス改善を伴走させています。まず業務の可視化をし、その業務をやめる。やめられないのであればプロセスを最適化する。そして良いロボット、魂のこもったロボットとは、今の業務をただ自動化するのではなく、可視化し、最適化したプロセスをＲＰＡが自動化するものだと繰り返し言っています。開発中・稼働準備中を含めて、当社でＲＰＡを展開中のプロセスは約７００にのぼりますが（２０１9年8月末時点）、対象となるプロセスは明らかに変わってきていると感じています。単に時間短縮につながるだけのプロセスを選ぶのではなく、３Ｍの仕事をなくすことにつながる、これまでは見過ごされてきたプロセスが見つかるようになりました。

これはオフィスワークだけではありません。たとえば研究開発部門では、電気電子部品の発火耐性試験の自動化をＲＰＡで実現しています。リコーでは、製品の安全性を確保するため、使用する電気部品や電子部品に実際に電流を流して発火耐性試験をしています。従来は、試験室で部品を電源に接続して電流を設定して、別の部屋からサーモグラフィー等で温度上昇を監視し、温度上昇が止まれば試験室に戻って電流値を上げて別室に戻って監視するという作業を、発火を確認するまで繰り返していました。ひとつの部品について平均15回繰り返します。この試験を1日に10部品程度行います。とても大変で、時間を取られる試験です。これを電源装置、サーモグラフィー等をRPAでつなぐことで、自動で行うようにしました。試験だけでなく、手入力していた結果の入力もRPAで自動化した結果、人が作業しなければならない時間は、1部品当たり60分から2分に短縮できました。一度、部品を装置にセットしたら、終了するまでほかの仕事をしていられます。面倒で時間がかかる、単純なマンネリ作業から解放され、執務時間の有効活用を可能にするRPAによる自動化を、現場の社員が中心になって実現しました。

また、製造部門では、入出庫業務を自動化しました。出荷する製品は、パレットに積み上げた状態で、製品の箱に貼られたバーコードを読み取って製品管理システムに入力するのですが、従来は、人がバーコードリーダを手にパレットの周りを一周し、かがみ込んだりしながらバーコードをひとつひとつ読み取っていました。これを、パレットをターンテーブルに載せ、回転させながら一括スキャナーで自動的に読み取り、読み取ったデータはRPAで自動登録するようにしました。回転させながら荷崩れ防止用のラッピングもできるようにしてあります。こちらは3Kの「きつい」作業も、RPAとロボットで解消した例です。

長谷川　私たちはRPAで現場の「ラストワンマイル」の作業を自動化して、人間が創造的な仕事にシフトすることを提唱してきましたが、御社では「社内デジタル革命」として、単なる業務プロセスの改善というより、人間のモチベーションを最大限に引き出すために、その先にあるものを見据えてRPAで改善をしている。以前おっしゃっていた「働きがい改革」という言葉にも感銘を受けました。私もいろいろな場面でこの言葉を使わせていただいています。

山下　どうぞどうぞ（笑）。「働き方改革」という言葉だと、残業時間が減ったとか、残業代が減ったとか、そんな話ばかりになってしまうのではないでしょうか。それは会社都合の「働かせ方改革」であり、働く人の顔は見えていないと思います。そういう意味でRPAも、〝人をどのように活性化させるか〟というモチベーションツールとして活用できればベストですね。会社は頭数で仕事をしているわけではなく、それぞれの人の能力とやる気で仕事をしているわけですから。

長谷川　御社にとってRPAに投資するということは、RPAというツールに投資をしているのではなく、〝RPAを使いこなせる人間〟に投資をしているということになりますね。結果としてオフィスだけでなく、生産や開発を含めたあらゆる〝現場〟の社員が「RPAを使いこなせるデジタル人財」として活躍していける。現場のひとりひとりが自主性を持ち、新たなデジタルの力と共に現場のプロセスに向き合うことで、工場の現場もホワイトカラーのオフィスも、人財がど真ん中のデジタル革命を実現していくということなのでしょうか。

山下　おっしゃる通りです。導入直後は単なるツールでも、だんだん血が通い魂が宿ってくる活用の仕方を、リコーではやっていくべきだと思っています。同じロボットでも、リコーに就職したロボットと他社に就職したロボットでは、何年か一緒に働くうちにまったく別物になっていくような。「リコーはロボットの使い方がユニークだよね」と言われるような導入をさらに進めていきたいですね。

長谷川　私は最近、「働きがい改革はあなたがロボットを1台持った時から始まる」と言っているんです。そのロボットは、最初は〝ちょっと気になる新人〟で、言われたことしかできないし、環境が変わると戸惑って止まってしまう。でも自分の部下としてきちんと可愛がって愛情を持って育てていき、さらにAIを搭載して、スーパー部下に成長させていければ、あなた自身の働き方が変わり、働きがい改革につながっていくはずです、と。部下が全員人間である必要はない時代になったと私は思っています。ということは、たとえば、企業で200人の部下を持っていたら、その社員は部長クラスのはずです。ということは、200人分の仕事ができるロボットを使いこなすことができる社員は、全員がデジタル部長になれるということです。

多くの企業では現在、入社5年目でも部下がゼロというケースが珍しくありません。そのような環境で仕事を続け、頼られる存在となっても、一番の若手のままでは仕事は事務作業ばかりということになってしまいます。それでは、優秀な人材ほど辞めていくことになります。しかし、そこでRPAが導入されてPCの中にロボットの部下ができ、自分の教えたことは忠実にやってくれるとしたらどうでしょう。企業側も、その部下を使ってやりたいことをやってみろと言えたら、人材確保や業績アップなど様々な効果につながるはずです。そんな人事制度ができてもいい頃なのではと思います。

山下　確かに、それは面白い考えですね。ロボットに名前をつけるとよさそうですね。自分のロボットを持って、それを可愛がって、苦労しながら育てていくためにも、名前があれば愛着がわきますし、結果として働きがい改革にもつながりそうです。

タスク仕事をクリエイティブに変える

長谷川　新型コロナウイルス感染症の影響で働き方も大きく変化し、リモートワークの先に自動化があるということに気づかされたビジネスマンも多いと思います。そして、コロナ下での仕事のやり方には、実は永続的にできることが多いことも明らかになってきました。たとえば、印鑑を押すためだけに会社に来る必要はないので、印鑑不要とする企業が出てきました。この変化は、コロナが収束した後も元には戻らないのではないでしょうか。

山下　働き方の変化が、強制的かつ一気に加速させられました。一部戻ることもあるかもしれませんが、コロナ禍に始まった多くのやり方が本質的なやり方だったということになるでしょうね。今回の新型コロナウイルスの感染拡大によって、社会の問題が鮮明にあぶり出されたと感じました。たとえば、ペーパーレス化が進んでいる国と、そうでない国の差が明確に明るみに出ました。イタリアやスペイン、日本などではコロナ禍にプリンティング量が大幅に減少したんです。これまでＩＴ化に背を向けてきた事実が顕著に出てしまった。

今後私たちも、ドキュメントをデータ化し、ＡＩで解析してフィードバックすることを進めていきます。そうすると、３Ｍのタスクをクリエイティブな仕事に変えていくことができます。そして、クリエイティブな仕事が増えてくるなら、どんな環境で行うのが最も仕事がやりやすく、働きがいを感じることができるのかを、改めて考えていかなければならないと思います。ニューノーマルではなく、マイノーマルを各人が見つけることが重要で、それが一番生産性が高く、働く人にとって快適なはずです。また、タスク仕事が減ったからといって、誰もが自動的にクリエイティブになるとは限りません。

長谷川　私は常々、人間が機械のような仕事をしていたら、人間の気持ちを持ち続けることはできないと思っていました。３Ｍの仕事もそうですね。それらの仕事を機械ができるのであれば、人間が機械にならなくても済みます。ＲＰＡによって人間らしい仕事をする時間を作らなければと思っていました。しかし山下さんの話を聞いて、時間が捻出できても、誰もが自動的にクリエイティブになるわけではないことに気づかされました。そこにどう関わるべきかは、重要な課題ですね。

山下　まだコロナが始まっていなかった２０１９年の11月に、シアトルのアマゾン本社を訪ねました。およそ5万人の社員が働いているのですが、かつてはリモートワークが広がって、出社率が下がっていったのに、今はまた出社率が上がっているというのです。理由を聞くと、タスク仕事の自動化が進み、クリエイティブな仕事が増えたせいだと言います。逆のようにも思えますが、クリエイティブな仕事の多くはコミュニケーションから生まれるため、オフィスに人が集まってくるようになったわけですね。

前回のＵｉＰａｔｈのＡＩ新製品の説明で興味を持ったのが、ＡＩを使ったプロセスマイニングやタスクマイニングを使って、課題を発見していくという考え方です。

リコーでは、お客さまの課題を解決するということは身についています。難しいのは、お客さまの真の課題を発見することです。課題を発見できる能力というものは非常に貴重であり、この課題抽出力がどれだけ磨かれているかが、お客さまへの提供価値になっていきます。それを上手くツールを使うことで、リモートで楽しくできれば、お客さまへの価値提供がより強化されます。全社で共有していきたいと思っています。

長谷川　なるほど。コロナと共に生きる時代の新しい生活様式の働き方と、RPAやAI導入による成果で、オフィスの在り方もさらに大きく変わりそうですね。それに関して思うのは、これまでは自分のデスクにいて深夜まで残業している人が、仕事をしている人だと見られてきました。若い社員が自分のデスクにおらず、休憩室に集まってコーヒーでも飲んでいようものなら、何を遊んでいるんだと注意されるところでした。しかし、RPAを実装した社員が増えた世界では、コーヒーを飲んでいる後ろでロボットがタスク仕事をしていて、人間はコミュニケーションしながらクリエイティブな仕事を生み出しているという風景が、どこの企業でも当たり前になるかもしれません。GAFAのようにApplication 2.0の世界の人たちには、すでにそれが当たり前になっているのですから。

山下　私たちは創業以来、働く人に寄り添ってきたという自負があります。2枚必要な書類なら2

度手で書かなければならなかったところを、一度書いたらコピー機で複製できるようにしました。このコピーをデジタルデータにし、色も変えられる編集機能を持たせた。そしてネットワークにもつなげた。ドキュメント周りのひとつひとつの仕事を、自動化してきた経緯があるわけです。今では当たり前のように使われる「OA（オフィスオートメーション）」という言葉は、1977年に当社が提唱したものです。そして今、クラウドにつながったエッジデバイスとしての複写機も完成し、クラウド上の電子データとリアルの紙のドキュメントが、複写機を通してつながることになりました。振り返ってみると、やってきたのは、タスクと呼ばれるドキュメント周りの3M作業を、できるだけクリエイティブの方向に振り向けるお手伝いでした。

当社は2036年に創業100周年を迎えます。リコーは、今ある課題を解決して次に進むという意味で「課題解決型の企業」なのですが、2036年にどんな会社になりたいか、ゴールを明らかにして進んでいかないとスピード感が上がらないないというのが私の問題意識でした。そこが議論のスタートでした。2036年からバックキャストしていこうとしたのです。生産性の次に働く人が望むのは何かというのが議論の焦点で、それは「働く歓び」だと。その前の段階で、RPAを使いながら「スマートな働き方」を実現する。それにクリエイティブな要素が加わると、「働く歓び」になります。働く歓びこそ、働く人にとって究極の価値だと思っていますので、それにどのくらい役に立てるかというのが、リコーが100歳を迎えるに当たってのゴールです。
それまでにできるだけ働くことを次の歓びにつなげられるような、様々なアプリケーションやデバイスを作っていきたい。働く人に寄り添い社会に貢献できる一番可能性のある会社がリコーだと思っています。社員が働くことの歓びを感じている会社。そんな会社にリコーがなり、その実践がお客さまへの提供価値に変わっていければこれに勝ることはありません。そこにはRPAとAIの存在が欠かせないと感じています。

長谷川　私たちにもぜひお手伝いをさせていただきたいですね。テクノロジーは、人を片隅に追いやるものではなく、ロボットスーツを着て人間が空を飛べるように、人間の能力を高めて助けるためのものであるべきです。私たちも、RPAとAIを人に寄り添うテクノロジーにしたいと思っています。御社は働く人に寄り添い、働きがいを感じられるようなクリエイティブな仕事の創生のためのワークプレイスのデジタル化を進めていらっしゃいます。私たちはその中で

重要なテクノロジーとして、ぜひ御社と伴走し、お役に立ちたいと思います。

山下　お互いに良い出会いに恵まれたということですね。

シニアの活用から社内デジタル革命の取り組み

長谷川　今、私の考えている大きな課題のひとつに、シニアの活用があります。人生100年時代と言われているのに、これまで多くの経験を持った人が、役職を離れた後に会社の中で活躍できないのは残念なことです。これはシニアの人は知識と経験はあるのだけれど、役職に就いてこられたので、自分ではなく部下に実務を頼ることが多いことにもよると思います。シニアがロボットを使いこなすことができたなら、つまりロボットを部下として持つ人材になれたなら、会社にとっても大きな力となるはずです。日本も元気になると思います。御社では、シニアの方もRPAで自動化を自分でされていると聞きました。

山下　シニアになると役職を持たなくなるため、部下がいないケースでの働き方は、個々の能力によって格差が生まれてしまうのが問題でした。一方で、シニアはプロセスを熟知しています。当社の場合、知識を生かして社内のRPA教育コースを受講し、試験をクリアしてロボット開発のできる「クリエーター」に認定されるシニアも増えているんです。

長谷川　それは参考になります、ぜひお話をお聞かせください。

山下　たとえば以前サービス部門の責任者をしていたシニアスタッフは、一緒に仕事をしていた海外マーケティング部門の担当者が新製品立ち上げ時に何十もの品種ごとに、何十項目も製品情報をシステムに入力するという3M業務の課題に気づきました。そして担当者の困りごとを丁寧に聞きながら、プロセスの見直しや分割をし、RPAを活用してシステムへの入力業務を自動化すると同時に、製品品種ごとに入力結果とエラー情報を自動で担当者にフィードバックするロボットを作成しました。比較的簡単なロボットですが、豊富な経験から「やめるべき業務・改善すべき業務」の判断がつきやすいシニアスタッフならではの現場へのお役立ちであり、そういう彼の後姿を見て、RPA活用に取り組むシニアの輪が広がりつつあります。

長谷川　デジタルデバイドは今、大きな社会問題となっています。しかし、テクノロジーが進化してユーザーエクスペリエンスが圧倒的に向上すれば、デジタルデバイドは解決します。端末の操作をしなくても、あるいはできなくても、テクノロジーの恩恵を受けることが可能になります。今ではリゾート地にいてもテレワークはできますが、PCは持っていかなければならず、結局はキーボードから逃れられていません。しかし、知識のあるシニアの話す言葉をテクノロジーが理解できるようになれば、その人の経験を十二分に生かせるようになります。まるで、素晴らしい経験を持つおばあちゃんの言うことを優しい孫が理解して代わりに作業を助けてあげるように、ロボットがスマートフォンの操作を代わりにやってくれてもいいわけです。代わりにロボットが対応してくれることで、知識はあってもテクノロジーを使いこなせない人が、知識や経験を生かせるようになる。ここにＲＰＡも大きな役割を果たすと思っています。

山下　リコーらしい社内デジタル革命の取り組みの主軸として、ＲＰＡを中心とする活用を一過性のもので終わらせず、私が一番大事だと思っている現場により元気になってもらうように進めていきたいと思っています。

業務プロセス改革で創出された時間を使って社員が社内の副業制度に応募したり、社内のアイデアコンテストで生き生きと新規事業構想のピッチをする社員の姿を見て、私自身、勇気をもらっています。「現場に強い、現場から学ぶ会社であり続けたい」と思っています。また、現在半年に一度、社内イベントとして「RPA Open College」を開催しています。これは、ＲＰＡによる業務プロセス改革事例の展示や発表を行う場となっています。改革に取り組むための情報交換の場にもなり、成功事例をクローズアップする機会にもなるため、社員の活動継続のモチベーションにもつながっています。私もこれらの機会にはすべて参加して現場の皆さんの発表を聞き、そして貢献した社員をねぎらい、「ＲＰＡクリエーター認定」の表彰も行っています。

会社の力は社員のモチベーションの総和です。そのモチベーションに貢献するための仕組みや制度として、賞賛と共有の機会は、さらに整えていきたいですね。

達成感・満足感・充実感──「3つの感」がもたらす社員の幸せが企業にとっての成長戦略となる

長谷川　デジタル革命を断行されている御社ですが、私は２０２０年4月の入社式の話が非常に印象的でした。山下さんはデジタル技術を用いてリモートの限りを尽くすのかと思いきや……。

山下　新型コロナウイルスの感染拡大防止のため、新入社員が一堂に会する従来の入社式は中止にしました。その代わり、個々の新入社員と私が直接向き合う「個別入社式」を開催し、ひとりひとりに対して歓迎の言葉を掛けて社章を交付するスタイルにしました。

１７３人の新入社員がいますから、入社式はリモートでという声が真っ先に上がりました。しかし、「入社式って誰のためにやるの？」と考え直してみたわけです。会社のためだったら、リモートでも〝開催された〟という実績が残ればいい。しかし、シンプルに考えれば、入社式は入社してくる新入社員のためのものです。そして、新入社員にどんな入社式がいいかを問えば、コロナ禍という状況を抜きにすれば、リモートがいいと言う者などいないだろうと思いました。ならば、3密を避けて少しでも社長と交流できる場にした方がいいじゃないかと思ったわけです。入社式を行う理由は2つあり、ひとつは社会人になったお祝い、もうひとつはリコーに入ってくれてありがとうという思いを伝えることです。従来の、大ホールに一堂に会する入社式は、私たちにとってそれが効率的だったから行っていたこと。会社側の生産性のために都合の良いスタイルでした。それが、コロナによってもう一度〝何のためにやるのか〟ということを考え直す機会になったと思っています。

長谷川　山下さんは、真の成長を遂げるには社員の幸せが欠かせないと常に言い続けていらっしゃいます。RPAの導入に関しても、定量的な効果はあまり重視されていないとか。CoEはROIを意識していても、活動をしている社員には意識させていないとお聞きしています。たとえ月30分程度の時間短縮効果でも、それによって忙しさが解消されてストレスなく働けるのであれば、RPAの適用を推奨されていますね。自分の困りごとを自分の手で解決できれば、さらなる改善へのモチベーションにもつながり、その結果、全社的な「働きがい改革」が実現するということでしょうか。

山下　その通りです。社員が働く歓びを実感できるようになる。当社にとってこれこそが、RPA導入の最終的なゴールだと考えています。人の役に立つ達成感、誰かに褒められる満足感、さらに周りに必要とされる充実感――「人を愛する」を創業の精神のひとつとして掲げているリコーが目指すリコーらしいRPAの展開は、血の通った、魂の入った良いロボット作りです。自動化する前にプロセスそのものの無駄を省くデジタル革命で、働き方改革は働きがい改革となり、働く幸せ、働く歓びにつながっていくと信じています。

テクノロジーを活用し、働く人をエンパワーする

対談

パーソルホールディングス株式会社
代表取締役社長 CEO
水田正道 氏

「はたらいて、笑おう。」をグループビジョンとし、人材派遣、人材紹介をはじめ、「はたらく」のすべてを支えると掲げるパーソルグループは、「パーソルのRPA」という新ブランドを立ち上げ、RPAを使いこなせる派遣社員の育成、RPA技術者による自動化、アウトソーシングと保守管理等、RPAに関する総合サービスで多くの実績を上げ、RPAをより身近なものにしようとしている。グループを率いる水田正道CEOに、RPAがもたらす新しい働き方についてうかがった。

水田正道 氏

1959年生まれ。1984年、リクルート入社。1988年、テンプスタッフ入社。2013年、テンプホールディングスおよびテンプスタッフ代表取締役社長就任。2016年、現職就任(2017年にテンプホールディングス株式会社はパーソルホールディングス株式会社に商号変更)。一般社団法人 人材サービス産業協議会理事長。

生産性を上げなければ〝日本nothing〟に

長谷川　今回の対談に備えて予習してきたのですが（笑）、国のデータによると全国の派遣社員は現在およそ143万人にも上っており、青森県や長崎県の人口よりも多いと知って大変驚きました。派遣社員が現場でどう活躍できるかで、日本経済へのインパクトは大きく変わってきます。御社に期待される役割も大きいと思います。

水田正道CEO（以下、敬称略）　新型コロナウイルス感染症の影響により、働き方はますます変わっていくでしょう。そんな中で一番大事なポイントが、必要なところに能力のある人材を配置できる適材適所です。テクノロジーが助けてくれる部分も大きいでしょうが、テクノロジーは人の幸せに結びつかなければ必要ないと私自身は思っています。テクノロジーはやはり道具でありツールではないでしょうか。それを使って働くことで、人間の心が豊かになり、物質的にも満たされていくことがテクノロジーの存在意義なのでは。

長谷川　私も同感です。テクノロジーと人間との関わりを根本から変えたいという思いからＵｉＰａｔｈの日本法人を立ち上げましたが、それ以前を含めて30年近くテクノロジーの仕事をやってきた中で、これまでのテクノロジーが本当に人間を幸せにしてきたのかと疑問を感じることもありました。仕事の現場にテクノロジーが入ることで、人間が隅に追いやられているのではないかと。それでは本当の意味での生産性は上がりませんし、経済も真の成長は望めません。まさに、御社のグループビジョンである「はたらいて、笑おう。」がキーポイントで、テクノロジーもそうでなくてはいけない。人がテクノロジーをどう使いこなしていくかを問い続けることが重要だと思っています。

水田　おっしゃる通りですね。人間が精神的にも物質的にも豊かになるにはいくつかの要素があって、そのひとつは、自分がやっている仕事が誰かに必要とされていると実感できることなんです。自分の仕事が誰かの役に立っていると実感できないと、人間はなかなか満たされません。

一方で、日本の企業では適材適所になっていない部分も残されており、流動性の低下も否めません。かつて終身雇用が当たり前だった頃には、大企業に在籍していること自体が幸せだった時代もありましたが、今は違います。少子高齢化や人口減少の中で、日本が国際競争力を維持していくためには、必要なところに能力のある人を、欲しい時に配置することができる流動的な社会の実現が不可欠なのです。

その中で、現在ある仕事の半分ぐらいは、テクノロジーに取って代わられると言われていますよね。そうなるかもしれませんし、ならないかもしれない。まだ誰にも分からないことですが、私はテクノロジーの台頭によって、今ある仕事の半分が変わってしまってもいいのではないかと思っています。ただし、単に仕事を奪われるだけでなく、テクノロジーによって新たな価値ある仕事を作るべきなのではないでしょうか。

長谷川　テクノロジーが人間に優しく、人間を助ける役割を果たせば、使う人間の能力も上がっていきます。能力が上がれば、もっといろいろな仕事ができるようになります。そして、モチベーションも高くなっていくでしょう。誤解を恐れずに言うと、能力が高くさらにモチベーションの高い人材ほど、報酬が高くなるのではないでしょうか。そして、高い報酬をもらって創造性のある仕事をする社員がたくさんいれば、企業は生産性が上がり収益を上げます。そんな、正のサイクルを作っていかないといけませんね。

水田　生産性を上げなければ企業は弱くなってしまいます。ひいては、日本という国自体も衰退していくでしょう。この状態のままあと10年も過ぎてしまえば、〝日本passing〟になります。passingされているうちはまだいい方で、最後には〝日本nothing〟になる可能性すらあります。「そういえば昔、アジアに豊かな国があったっけ」と。

長谷川　生産性を上げることは不可欠かつ急務ですね。とはいえ、生産性を上げるという言葉はあまり好まれない傾向にあるともお聞きしました。

水田　「生産性を上げる」とはどういうことかという話ですね。たとえば、ホスピタリティを持って丁寧な仕事をすると1時間かかるとします。この仕事を事務的にこなせば5分で済むとしましょう。差の55分は無駄なのかという話になってきます。しかし、仕事が人間に対するものである以上、人間が介在するアナログ的な価値というものは非常に重要な要素です。一方で、生産性を上げていかなければ競争力を失うばかりであり、双方のバランスを取るのが重要ということになります。

長谷川　まさにそれが、人間とテクノロジーの関係だと思うんです。ロボットがやるような仕事を人間がやり続けていると、人間らしさがなくなっていきます。

時間に追われていると、相手に優しい言葉をかけることも難しくなりますよね。そこをRPAとAIの組み合わせで自動化し、人間に時間の余裕ができたらどうでしょう。大切なフェースツーフェースのコミュニケーションができるようになります。毎日事務作業に追われていてお客さまとは10分しか話せなかったところを、RPAとAIが事務作業を自動化してくれたら、お客さまとのコミュニケーションの時間がグンと増えます。私はテクノロジーでそんな世界を作っていかなければと思っています。

水田　アナログかデジタルかという対立ではないんですよね。双方を掛け合わせて融合させていかないと、働く人はなかなか幸せになれません。

当社で働くことを希望する多くの方々は、誰かのお世話をしたいという思いを強く持っているんです。しかし、単純作業に追われてやりたい仕事ができないのが現状です。テクノロジーの力を活用していかなければ、社員にも派遣スタッフにも働いてもらえなくなります。機械が得意なことは機械にやってもらって、人間は誰かに喜んでいただいている実感を持てるような、自分の存在感を感じられるようなことをやって、物質的なことよりも精神的に満たされるのが一番いい。そこが満たされ、私たちのステークホルダーにそう思っていただけるようにしていくのが私たちの一番のビジョンであり、働いてもらうというのはそういうことです。テクノロジーなしで、ビジョンの実現は不可能です。テクノロジーには課題もありますが、それを解決できるのもまたテクノロジーというわけですね。

人材総合サービス業でのＲＰＡの大きな可能性

長谷川　御社では、ＲＰＡ専門人材を育成・派遣する新サービス「ＲＰＡアソシエイツ」を始動されるなど、ＲＰＡの教育に力を入れてらっしゃいます。派遣社員には様々な経歴を持った方がおられると思いますが、どのような方がＲＰＡを扱うことができる、またはそれに適しているとお考えでしょうか。

水田　当社では非ＩＴ系の人材を「業務系の人材」と呼んでいますが、そういう方々がＲＰＡを使えることに大きな意義を感じています。彼らは、テクノロジーにはさほど明るくない一方で、現場の業務を熟知しているという強みがあります。彼ら・彼女らが持っている業務プロセスやルールの知識を業務改善の視野を持ってロボットに置き換えていくことができれば、現場の大きな力となって業務の自動化を加速させていくことができ、代えがたい人材になると思っています。

長谷川　そのために教育も重視し、各種のＲＰＡ研修や修了後のサポートも充実されているのですね。ＩＴを熟知した人ではなく、エクセルなどを使って現場で働いてこられた派遣社員の方々も、ＲＰＡを使いこなせるようになっておられますか。

水田　習得が速い方であれば、２週間程度で現場業務に活用することができていますよ。プログラムを書く必要はほとんどありませんし、テクノロジーにアレルギーさえなければ、習得に苦労はないようです。年齢や性別などとの相関性は今のところ見えていませんが、興味を持つことが重要で、熱意があれば年齢性別関係なくどんどん学ばれています。そもそも、業務改善の意味でも、業務フローチャートなどは業務知識がないと作れないため、派遣スタッフはＲＰＡの飲み込みもスムーズなのではないでしょうか。

長谷川　それを聞いて安心しました（笑）。ＲＰＡのビジネス展望についてはどのようにお考えでしょうか。

水田　私は人材サービス業でのＲＰＡの可能性を強く感じます。これからは長谷川さんの言うＲＰＡ×ＡＩにさらに進むのでしょうが、当社では大きく2つの戦略があります。１つ目は「より個人に向き合っていく」ということ。たとえば今お話ししたように、派遣社員がＲＰＡスキルを身につけて、より必要とされる人材として活躍して欲しい。その中ではやはり教育が大きなポーションを占めており、業務系の派遣社員にRPA教育を進めていくことで、デジタル人財として育てていくことが、デジタル社会へのトランスフォーメーションのためにも意義があると考えています。またこれは弊社のアウトソーシングビジネスで　お客さまの生産性を向上させるためにも活用できます。

長谷川　お聞かせいただける範囲で、派遣社員の方がRPAで派遣先の企業に貢献したという具体例はありますか。

水田　管理職による承認プロセスを、派遣スタッフが自動化した例があります。管理職の方が受発注システムの確認作業をしている姿を派遣スタッフが目にしたことがきっかけです。その日に発注された注文データをひとつひとつ開き、内容を確認し、承認するためにひたすらマウスをクリックし続けるというものでした。管理職の方は忙しいので、そういった非生産的な手作業は、昼休みにランチを食べながらやっていたわけです。そこで、この作業を自動化しようという提案をしました。承認そのものをロボットに任せるわけではなく、承認に至る画面操作を自動化し、承認だけ人間が操作するというものです。その結果、作業時間が大幅に削減され、管理職はゆっくりとランチを味わう時間ができたということです。これだけだと大きな自動化ではないと思われるかもしれませんが、昼食をしっかり食べるということは、人として当たり前のことです。ロボットの良さは、人を労働から解放し、人がやるべきことに集中させるところにある。その分かりやすい事例だと思っています。

長谷川　そのロボットは、どのくらいの期間で開発できたのでしょうか。

水田　開発自体は1日で完了したようです。その企業ではその後、ロボット開発の専門組織が作られ、このロボットを開発した派遣スタッフは業務改善部隊に配属されてステップアップを果たしています。UIやUXという概念が広まっていなかった頃に作られた旧来のシステムは、特にユーザーの使い勝手のラストワンマイルが弱いという特徴があります。そういう部分にロボットを入れることで、業務の劇的な改善ができます。

長谷川　パーソルの派遣スタッフがロボットを使いこなせるようになり、派遣先の企業でロボットを作り、業務知識を生かした自動化による生産性の向上を実現したわけですね。

派遣された会社でロボットを作った経験を生かして、次の会社でも素早くロボットを作って感謝される。その派遣スタッフの方は、業務改善と共にロボットで自動化できるスキルのある方として、派遣先で感謝され喜ばれる。そういうポジティブな循環が日本全体の生産性を上げるのではないかと思います。そのためにも、決して特殊な人たちがロボットを作るのではなく、多くの普通の人たちができるようになることが大切ですね。そういった意味で、御社をはじめとする人材サービスの役割が非常に大きいことを感じます。

水田　RPAのビジネス展望として2つ目に挙げられるのが、テクノロジーを武器とするプロフェッショナルサービスです。

パーソルグループでは、2019年に「パーソルのRPA」という新ブランドを掲げました。グループ3社（パーソルプロセス&テクノロジー、パーソルテンプスタッフ、パーソルテクノロジースタッフ）のRPA部門、合わせて約600人のRPAエンジニアが集結しています。各社が提供してきたRPAサービスの窓口を一本化し、導入支援から運用定着における研修サービスや派遣サービスまで、お客さまに合わせた最適なサービスをワンストップで提供しています。ここでは「会社の変化は社員の10%の余力から。」と

いうスローガンを掲げています。仕事が楽になるということ自体にも価値はありますが、これまで非生産的なことに注いでいたエネルギーを、会社の変化に資する仕事や付加価値の高い仕事に充てていくことに、ロボットの価値は見出せるのではないでしょうか。

また、基幹システムの周辺をＲＰＡで構築するというニーズも多くなっています。これまではシステムインテグレーションをして何千万円もかけて開発していたところを、ＲＰＡでは迅速かつ安価に開発することが可能です。このマーケットは大きいと感じています。お客さまの関心は、いかに既存の基幹システムの保守コストを抑え、デジタルトランスフォーメーションに戦略投資が行えるかです。従来のシステム開発とは費用の桁が違うので　相当なインパクトがあると聞いています。

長谷川　教育や、定着支援、さらに保守までのサービスはお客さまが安心してＲＰＡを使うためのニーズが高いとよく聞きます。また、10～20年前から使っているようなレガシーシステムを使い続けるために必要な手作業、つまり「ラストワンマイル」を自動化したい場合も、人の操作を模倣できるＲＰＡのロボットならリーズナブルに素早く実現できますね。ＩｏＴ化するために、センサーがついた機械を新規に導入し既存のシステムと統合することは大変ですが、今ある機械のモニター画面を人が常に監視する代わりに、ビデオカメラで変化を監視しＲＰＡを使ってアラートを発するようにしたケースもあります。

水田　RPAは、人とテクノロジーのベストミックス、適材適所を実現するという観点からも、人材サービスの強みが生かせるビジネスだと思っています。

はたらいて、笑おう。

長谷川　コロナ禍では、当初、ヨーロッパ諸国やアメリカと比較すると、日本の感染者数は少なく抑えられました。それはなぜなのかを考えた時に、私個人としてはエンパシーが〝ファクターX〟だったのではと感じています。相手のことを思いやったり、相手の立場で考えるという日本人の気持ちが、感染拡大を抑えるのに効果があったのではないかと思います。エンパシーによって、法規制がなくても大勢の人が自粛をしたわけです。私は、エンパシーこそが日本の大きな強みであると感じていて、デジタルの世界にも上手く生かせないかと考えているんです。

水田　同感です。非対面やリモートワークが進む中で、エンパシーがないと社会は破綻するかもしれません。実は昭和・平成のマネジメントは、時間の切り売りや根性論、そして権威主義によって成り立っていたわけです。しかし、これからはビジョンが絶対必要です。これがない企業はなくなるのではと思っています。そこで重要なのは、そのビジョンを、できるだけ多くの社員に加えて、お客さまや、いろんなステークホルダーの方に共感していただくことだと思います。ビジョンと、信頼、利他の精神の3つがすごく大事だと思います。

長谷川　デジタルの世界に入れば入るほど非接触で非対面になり、それが進むほどエンパシーが重要になる。この2つのバランスが整っていなければ、本当に笑って働くことはできませんし、テクノロジーを人の役に立つために使いこなすことはできません。

水田　人材のミスマッチの解消も重要ですね。適材適所でミスマッチを極小化するといってもゼロにすることは難しい。極小化するには、テクノロジーの活用が不可欠であり、そこには教育が欠かせません。これをどういう風に組み合わせていくかが大きなポイントです。

長谷川　その時必要になるテクノロジーは、エンジニアにしか理解できないテクノロジーではなく、本当に業務が分かっている人たちが使いこなしていける新しいテクノロジーですね。日本の社会課題として人口減少と人材のミスマッチがあり、これからは事務職が過剰になるのに対して、専門職の不足は深刻化していきます。そんな日本の人材市場に、御社のような総合人材企業がRPAとAIを使いこなせて業務に詳しい派遣人材を提供できるようになれば、日本の社会課題を解決することにつながります。

水田　一緒に取り組みたいですね。

これからの働き方にとって一番大事なのは、自律であり、主体性です。そして学ぶ意欲を持つことです。たとえば働く人が、自らテクノロジーの重要性に気づき、自身で学び取得して、自身のキャリアチェンジ、ジョブチェンジにチャレンジしていく必要があります。指示されてやらされ感を持ってやるようなものは教育ではありません。私は、その気づきを提供したい。これをやることであなたの将来に役立つし、あなたの価値も上がっていくということに気づいていただく。それが使命だと思っています。

長谷川　多様な働き方が当たり前のものとなり、働く時間が決められていて時間の分だけ給料がもらえるという働き方は変わっていくのでしょうか。

水田　確実にジョブ型への移行が進んでいきますね。テクノロジーがどんどん発達していけば、勤務地も自分で決められますし、勤務時間すら自分で決めることができる働き方が主流になるでしょう。一番肝になってくるのはテクノロジーです。テクノロジーは世の中を変え、働き方そのものが変わってきます。コロナ禍でリモートワークは当たり前になってきましたが、1年も経つと、リモートワーク自体が社会問題になって止める会社が出てくるんじゃないかと思います。今は緊急事態への対応だからいいんですが、結局、リモートワークは時間報酬、時間管理とは対極にある働き方で、成果で管理し、報酬を決めるジョブ型にしないと根づきません。

長谷川　新しい生活様式、新しい働き方の中で、それに応じた仕事を作っていく必要があります。そのためには今までのやり方にとらわれた考え方を捨てて、新しいワークスタイルと仕事を提供しなければならない。それが御社の役割ということですね。

水田　どうやったら裁量労働制の拡大が進むかを考えています。その中で自主性が必要なわけです。また、これからさらに考えていく必要があるのが、シニアの活用です。70歳まで雇用が延長されるのは素晴らしいことですが、シニアの知見が生かされた働き方が提供できているのか、疑問が残ります。たとえばコールセンターの業務で、業務経験豊富でコミュニケーション能力が高いにもかかわらず、端末の操作が複雑すぎてすぐ挫折してしまうシニアもいます。なぜそんな事態になっているかと言えば、彼らがテクノロジーについていくことが難しいからなんです。

今のシニアの知見を生かすために、ロボットが有能なアシスタントになってサポートできないでしょうか。そのためにも、テクノロジーはより簡単にしてもらいたいですね。若い世代だけではなく、私のようなまったくテクノロジーとは対極にいる人間にもしっかりと使いこなせるように（笑）。

長谷川　弊社で水田さんの特別教育をさせていただきます（笑）。

水田　私が使えたら誰でも使えると思いますよ。

長谷川　すべての人にロボットを使いこなしていただくのが私たちの使命です（笑）。パーソルの社員の方や派遣の方にも使いこなしていただいて、最終的にはお客さまの圧倒的な生産性の向上に貢献していただければ嬉しい限りです。また、大切なのはコスト削減のためにテクノロジーを使うのではなく、企業の成長や人の成長のためにテクノロジーを使うということ。そしてテクノロジーに対して投資をするのではなくて、テクノロジーを使いこなせる人に投資をしていくという姿勢がよく分かりました。

水田　おっしゃる通りです。すべては、働く人みんなが幸せになるために、です。

長谷川　「はたらいて、笑おう。」を実現するために、ですね。

はたらいて
笑おう。
PERS

第 6 章

デジタルトランスフォーメーションを実現するRPA×AI

ＲＰＡとＡＩが作り上げる新しい世界

対談

AI inside 株式会社　代表取締役社長ＣＥＯ　**渡久地　択** 氏

文字を読み取ってデジタル化するＯＣＲ（光学的文字認識）の世界にＡＩの技術を導入し、性能と使いやすさを圧倒的に向上させ、ＯＣＲを〝使い物になる〟ところまで磨き上げたのがＡＩ－ＯＣＲという技術だ。紙の書類のデジタル化は、ＲＰＡの導入においてキーとなることも多い。２０１５年創業の若い企業ながら、この分野で国内シェアトップを誇るAI insideの渡久地《とぐち》択《たく》ＣＥＯは、ブームになるはるか以前からＡＩの研究開発を続けてきており、ＡＩを多くの人が使えるものにしようとしている。ＲＰＡとＡＩを組み合わせればどのような世界を作れるのか、渡久地択ＣＥＯと語り合った。

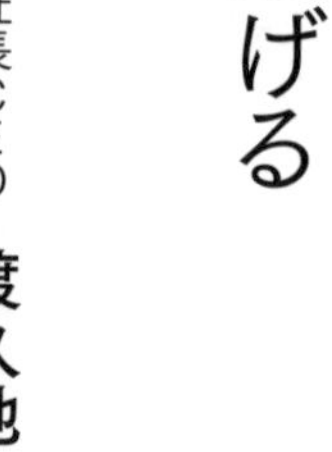

渡久地　択 氏

1984年生まれ。2004年より人工知能の研究開発を始め、以来10年以上にわたって継続的な人工知能の研究開発とビジネス化・資金力強化を行う。2015年にAI inside 株式会社を創業、現職。

AIの力で引き上げられたOCRの実力

長谷川　様々なところでデジタル化が加速していますが、銀行の口座振替から各種の申請書まで、手書き書類はまだまだ多いのが現状です。御社では、画像認識に代表されるコンピュータビジョン分野のAI関連ソリューションを開発されていますよね。特に文字認識AIとアプリケーションを合わせたAI-OCRサービス「DX Suite」を提供し、AI-OCR市場でシェア1位を誇っていらっしゃいます。渡久地さんと初めてお会いしたのは3年ほど前ですね。確かAIに関する講演をお願いしようとして……。

渡久地択CEO（以下、敬称略）　お電話をいただいて、お会いして、3分ぐらいでいろいろなことが決まりましたよね。うちも御社も、今と比べると比べ物にならないほど規模が小さかったですしね（笑）。それでも、御社とは何かをしようとすると、今も変わらず、すぐにいろいろなことが決まって動き出す印象があります。

長谷川　両社とも、進化と変化の速いものを扱っているという性質のせいか、スピード感は得意分野ですからね（笑）。改めてお聞きしたいのですが、渡久地さんがAIを事業にしようと思われたきっかけは何だったのですか。

渡久地　私が最初に起業したのは19歳の時です。自分がやりたい仕事よりも社会が求めていることを事業にする方が成功する確率も高いと考えて、過去100年間をさかのぼりつつ、今後200年に時代の流れで何が起きるかを、ある程度の根拠を立てながら年表に書き出してみました。それで見えてきたのが、今後確実に重要になるのが宇宙開発とＡＩであるということ。その時点で宇宙ビジネスは大きすぎたので、必然的にインターネットとＡＩの事業化へと進んでいった感じですね。

長谷川　それにしても200年の年表はすごいですね。しかし事業をＡＩに絞ったとしても、最初はご苦労があったのでは。

渡久地　そうですね。いきなりＡＩに取り組むのは難しかったので、最初は「インターネット」を軸に、衣食住に関するポータルサイトを立ち上げました。そのサイトに、コンテンツを自然言語で検索できる機能をつけました。キーワード検索とは違い、たとえば「落ち着いた雰囲気で個室の飲食店を探して」と検索するとかですね。ＡＩに関連しそうな技術を少しずつ使っていったわけです。

長谷川　ＡＩに取り組むための下地を作っていかれたわけですね。しかし、ＡＩはあらゆる分野に応用できる技術ですよね。その中で文字認識をするＯＣＲに絞ったのはなぜですか。

渡久地　例の年表とにらめっこしながら、ＡＩを活用すべき分野を考え抜きました。ＡＩは、従来のシステムとは異なり、あいまいなデータ処理をできるのがひとつの特徴です。言い換えれば人間のように作業できるということです。ＡＩが人間の作業のサポートを行うという点がポイントになることは分かっていました。そこで、日本の企業の外注費を調べてみると、年間で４兆円にも達していて、その半分がシステムインテグレーションで残りの半分が人の作業。その中でも一番大きな割合を占めているのが、データ入力であることを知りました。日本は少子高齢化で生産年齢人口が減少の一途をたどっています。だったら、データ入力という手間がかかりコストも莫大な部分から手をつけることはとても合理的かつ、社会の役に立つと考えました。

長谷川　ＲＰＡによる自動化でも、手間が一番かかるのが手書きの書類です。これをデジタルにしてもらえるのは、自動化を進めていきたい当社にとっても非常にありがたいこと。ＲＰＡがいろいろな場面で使われていこうとする中で、ＡＩ－ＯＣＲはユーザーとしても最初に取り掛かりたい、ここができると自動化が進むと実感できる部分ですね。御社のＡＩ－ＯＣＲがどれだけ業務の自動化を加速させるか、もっと詳しく説明していただけますか。

渡久地　そもそもＯＣＲとは、画像データのテキスト部分を認識して文字データに変換する光学文字認識機能のことです。紙文書をスキャナーで読み込み、その紙に書かれている文字を認識してデジタル化する技術ですね。これまでのOCRは決められたパターンでしか文字の識別ができず、帳票などを読み取るには、読取位置や項目を詳細に定義しなければ機能しませんでした。しかし、手書きの書類は文字の癖が強かったり、フォーマットが異なるのが当たり前です。FAXで送られたものだったら歪みや影などもあり、かつてのOCRでは十分な識別ができませんでした。そんなOCRをAIと組み合わせて、あらゆる状況における手書き文字認識というファジーな問題を学習させました。そうして認識率を向上させることに成功したのです。また、AIで読取位置や項目を自動抽出することができるため、請求書や納品書など、会社によってフォーマットの異なる書類でも正しく読み取ることができます。当社では創業時には2年ほどかけて500社以上で実証実験を行い、アルゴリズムの改善を続けました。今では当社のサービスを使い、ユーザーが7億回を超える読み取りを行っていますので、さらに精度は高まり、あらゆる書類のデジタル化が可能になっています。

長谷川　そこまで優秀だと、企業内のお金の流れや仕組みをAIが覚えてしまうのではという不安を持つ人もいそうですが。

渡久地　AIを作り、サービス提供する企業として、セキュリティはもちろん、プライバシーにも十分配慮しなければなりません。当社のAI－OCRにはプライバシーコントロールという機能もあり、ユーザーが「AIには一切の学習をさせない」という設定もできるんです。当社のサービスでは、学習させないのがデフォルト設定ですし、そもそもお金の流れや仕組みは学習しません。

長谷川　この数年の進化は目を見張るものがあります。かつてOCRを使っていた人が、今、AI－OCRを導入したら、非常に驚かれませんか。

渡久地　昔、少し使っていたという人ほど驚きますね。新型コロナウイルスの影響で、給付金などの申請が必要になりましたよね。その申請書のことで、どのような様式が良いのかなど、ご相談いただくことがありましたが、以前OCRを使っていた方は、たとえば「文字はひとつひとつのマスに書いていただくのが良いですよね」とおっしゃいます。従来はそのような努力をして、業務適用を目指してきた経緯があるためです。それが今はまったく問題ありません。フォーマットも問いませんよと伝えると、非常に驚かれます。

長谷川　AI－OCRは、コロナ禍での働き方にも大きく関わりますね。たとえば、会社で1時間、FAXで届いた帳票を確認したり、紙の書類を処理するためだけに出社するという働き方は、あまり意味を持たないことになってきました。そこにRPAとAI－OCRを組み合わせてワークフローができれば、リモートワークを進める手段として非常に有効です。給付金の支払いもAI－OCRとRPAで自動化できたことで、圧倒的に地域住民のお役に立った例もありますね。

RPAとAIが生み出す大きな可能性

長谷川　「DX　Suite」の導入数は、2018年の3月時点で10契約程度ということでしたが、19年3月で185契約、20年の3月で1873契約、それから3カ月後の6月で5800契約を超えたとお聞きしています。コロナ以前から急激な伸びを見せていますね。

渡久地　私自身は、RPAとAI－OCRを組み合わせるようにしたことでニーズが巻き起こったと認識しています。紙の書類を電子データにできたとしても、そこから手作業で転記するようでは、あまり意味がありませんよね。AI－OCRがどんなフォーマットのどんな手書き書類もデジタル化して、それをRPAが自動でどんなシステムにも入力してくれることで、圧倒的な業務削減効果を実感してもらえたのだと思っています。チャットボットにも当てはまると思いますが、RPAとAIは非常に親和性が高くて、相乗効果を生むことは間違いありません。

あらゆるＡＩのファンクションが業務に組み込まれていく時、ＲＰＡを介して組み込まれていくことで効果が高められていくと思っています。

長谷川　私もそう思いますし、ＡＩ全般とＲＰＡの親和性は非常に高いと感じます。

渡久地　実はＯＣＲの先のＡＩに、すでに着手しています。誰でもＡＩを作ることのできるツールをグローバル展開する予定があります。誰でも簡単に作ることができなければ、ＡＩを社会の隅々にまで広げていくという私たちのビジョンは実現しません。ＡＩが水や空気のように、誰にとっても当たり前の存在にならなければ。そのためにも、誰でも、安く簡単に、そしてすぐに付加価値の高いＡＩを作ることができるツールを発信していきたいと思っています。

長谷川　私たちのグローバルのビジョンも「A Robot for Every Person」です。ひとりひとりがロボットを使いこなし、そのロボットの先にＡＩがあることによって、できることが広がるという世界を理想としています。向かっている方向は一緒ですね。

渡久地　別のことをやっている企業がこんなに同じ方向を向いている例は珍しいですね。

長谷川　デジタルの民主化を目指していくと、どんどんつながっていくのかもしれません。非定型や手書きの書類文化を残した日本のマーケットで鍛えられたからこそグローバルと戦えるという意味でも、御社とは共通項があると感じます。

渡久地　おっしゃる通りですね。さらに、コンテナの数字を読む必要がある運輸業や、薬品の印字を読み込む医療など、読み込み技術が必要な分野はオフィスの紙だけとは限りません。読み込んでデータ化してデリバリーに利用するのは基礎的なニーズで、様々な分野で活用が期待できます。そもそも、日本語は6000種類ぐらい文字を扱いますが、アルファベットはたったの26種類、大文字小文字や数字を加えても数十種類です。日本で鍛えられた日本発のAIやRPAにとって、世界に打って出ることは十分可能だと私は思っています。

長谷川　タイプした文字で打ってあるラベルならばトラッキングも容易ですが、海外のコンテナなどで適当な場所に乱暴に手書きされた文字に対してもきちんと性能を発揮できれば、人間の仕事を大幅に楽にできますね。

渡久地　従来のOCRでは決してできなかったことですね。AIが加わったことで、人間の仕事は圧倒的に楽になるわけです。すべてのAIを作る時に私たちが考えていることは、ファンクション単位で見れば、人間ができることはAIにもできるということです。人間のようにジェネラルにやるのはまだ難しいのは事実です。しかしひとつひとつのファンクションとしてとらえるならば、AIはもはや人間と同じことができる。つまり、人間にとって手間がかかる仕事はすべてAIに任せられるということです。

長谷川　そうなると、ＲＰＡもデータだけを対象にするのではなく、リアルワールドを操作するような展開が求められるということですね。ＲＰＡが発展する世界は、ＩｏＴとのつなぎ込みが重要になると考えています。ロボットアームで柔らかいものをつかんだり、部品のチェックをしたりする工場の基幹系システムがＲＰＡとつながり、全体の工程管理も行うというイメージです。また、研究開発分野でも使われるツールだと思っています。実際にもう導入されているケースもありますが、たとえば実験の工程を見守るという仕事をＲＰＡに任せることができれば、人間はその分、別のクリエイティブな作業ができます。

人間の代わりをやってくれるデジタルという視点も、ＲＰＡとＡＩは共通していますね。手と足を担うツールがあり、頭脳はＡＩ。それらをつなぐためのデジタルインフラとして、ＲＰＡが一緒に使われていって欲しいと思います。今、ＵｉＰａｔｈもＡＩＰａｔｈ、つまり、ユーザー（Ｕ）のイノベーション（ｉ）の実現のために、ＡＩへの道（Path）を作ると発信しています。ＵｉＰａｔｈは、ＡＩの導入を成功させるトータルソリューションカンパニーへと進化したいと思っています。

渡久地　私たちにとっては、その部分こそ非常にサポーティブに感じるところです。どんなにすごいＡＩを開発しても、既存のシステムや物理ロボットのような手足とつないでくれないと意味を成しませんから。

長谷川　優れた神経系のシステムが必要ということですね。人間の神経系と一緒で、目でとらえたボールをどう打つかは、目と脳、脳と手足をつなぐ神経系の働きにかかっています。そんな伝達の仕組みをいかに上手く作ることができるかが大切ですね。

渡久地　これからも夢を語って、世界へ行きたいですね。

長谷川　日本から始まったAI insideが世界のＡＩカンパニーになっていく時に、グローバルでもナンバーワンのＲＰＡであるＵｉＰａｔｈとつなげられることは、双方にとって良い効果を生むと思いませんか。多くの人がＲＰＡとＡＩのメリットを享受することもできるのは、私たちとしても嬉しいことですよね。日本発のＲＰＡを世界標準にしていくことが当社の目標ですから、日本発のＡＩと一緒になって世界に出ていけるのは頼もしい限りです。

２０３０年までに自動化は終わる！　その後の世界とは……

渡久地　ＡＩをリアルビジネスとつなぐ架け橋がＲＰＡだと私は思っています。私たちも作って使えるＡＩのインフラを整えると謳っていますが、「使う」のレイヤーが違っていて、ＡＩを動かすためのマシンという意味です。RPAは本来の意味で「使う」に近いところを見ていますよね。RPAと組み合わせることで、AIは初めてリアルビジネスの現場につながっていくことができると思っています。

長谷川　私たちが一番助けたいのは現場であり、一生懸命働いているけれど手作業にとらわれて疲弊している人たちです。そんな彼らを解放して、時間を生み出すことができれば、創造的なことを考える余裕ができます。お客さまとコミュニケーションを図ったり、人間らしい仕事もできるようになります。そのためにデジタル化を進めたいんです。ロケットスーツを着ることで人間が空を飛べるようになるというようなイメージです。

渡久地　そういう世界を作るためにも、私たちはこれまでAIを使う人を増やしてきましたが、今後はAIを作る人を増やしていきたい。そのためのツールが「AI inside Learning Center」です。お客さまが独自にAIを作ることのできるサービスとして、すでに一部のユーザーに提供しています。今後は、当社が持っているAIの画像や動画認識に加え、機械学習や深層学習、強化学習全般のAIの学習部分を担う基盤とする予定です。

長谷川　同感です。専門知識がなくても、画面上の簡単な操作でAIの生成や利用ができる仕組み作りは必要ですね。現場を知っている人が作るほど、現場で生きるツールになりますから。現場の人がＡＩを使いこなせることが重要だと考えています。

渡久地　具体的な事例のひとつとしては、ゴミ処理場での危険物検知ＡＩが挙げられます。ベルトコンベア上を流れるゴミの中から、リチウム電池など、プラントの故障や火災につながる危険物を検知するものです。これをゼロベースから作るのは大変ですが、実際に仕分けの作業をしている職員の方が、AI inside Learning Centerを使ってひとりでＡＩを完成させています。当社が各企業や業界に入り込んで開発するのではなく、現場のニーズに合ったＡＩをユーザー自身が作るということが重要ですし、コストも抑えられます。今後はＯＣＲ以外の領域でも、現場でＡＩ作りができるようにサポートしていきたい。そうして、ＡＩを社会の隅々にまで広げていくという当社のビジョンを実現していきたいですね。

長谷川　２００年分の年表を作ったとおっしゃいましたが、10年後、20年後の未来をどのように見ていらっしゃいますか。

渡久地　10年後というと、私は２０３０年にはすべての自動化が完了すると思っています。想像しうるあらゆることの自動化が、あと10年で終わるはずです。そうなると、仕事や生活が変わり、社会の構造も変わっていくでしょうね。そして、当たり前になった自動化を社会にどう役立てていくのかという思考が重要になると思います。別の言い方をすれば、手元の作業を便利に、というところから飛び立って、人類のためにこの技術をどう使うのがよいかという話になっていくでしょうね。水をどうするとか、食料をどうするとか、RPAとAIの適用範囲や使い方のイメージが、どんどん変わると思っています。

長谷川　RPAとAIの自動化によって、人間があらゆる手元の作業から解放されて、生産性が圧倒的に上がって、時間があり、自由ができた時に、宇宙探検と海底探索に行きたい人は必ず増えるでしょうし（笑）。人類のために何ができるか、地球のために何ができるかというスケールでRPAとAIの活用を普通に考えられる時代が来ると思うとわくわくしますね。世界は必ず元気になりますね。

渡久地　私の200年年表もひも解いて、ゆっくりお話ししましょう。

RPAはデジタルの中心になる

対談

アクセンチュア株式会社 代表取締役社長 **江川昌史** 氏

世界最大の総合コンサルティング企業として、企業や社会のデジタル化に大きく貢献しているアクセンチュア。2015年から日本法人を率いる江川昌史氏は、アクセンチュアのデジタルシフトをまず成功させ、さらに従来の生産性向上を目指すデジタルトランスフォーメーションに留まらず、働き方やデジタルと人間との協働、地域再生といった社会的課題に至るまで、幅広い分野で先見性に満ちたプロジェクトを成功させてきている。デジタル化する社会の未来について、第一人者である江川昌史氏の考えを聞いた。

江川昌史 氏

1989年、慶応義塾大学商学部卒業。同年アクセンチュアに入社。 製造・流通業界を中心に、通信、ハイテク、素材・エネルギー、金融業界や公共サービス領域など、多岐にわたるプロジェクトを指揮。2014年12月に取締役副社長就任、2015年9月より現職。2020年3月よりグローバル経営委員会に参画。経済同友会会員。

危機感からスタートした「Project PRIDE」が成果を生む

長谷川　御社では政府主導の働き方改革に先駆けて、2015年1月から「Project PRIDE」という独自の改革を進めてこられました。これは最近多くの企業が取り組むようになってきた「働き方改革」を一歩進めた形のプロジェクトでしたが、この取り組みが今回のコロナ危機でも有効に働いたのではないですか。

江川昌史社長（以下、敬称略）「Project PRIDE」は、実はやむにやまれぬ事情でスタートしたものでした。ある時、人材派遣会社からこんなことを言われてしまったのです。「アクセンチュアさんは、働き方があまりにも激しいので人材を紹介できません。正直言って、採用関係ではとても評判が悪いですよ」と。

長谷川　なかなか厳しい言葉ですね。

江川　それも仕方のないことで、当時のアクセンチュアには長時間労働を美徳とする、言うなれば体育会系のカルチャーのようなものが浸透しており、精神的・肉体的なストレスで余裕がなくなっている社員が多かったのです。人材こそが財産であるはずなのに、社員が疲弊していてビジネスにも悪影響を及ぼすとしたら本末転倒です。採用にも支障を来し、その結果、人材不足が慢性化し、過重労働が続くという負のループに陥っていました。根本からカルチャーを変えて、働くことが喜びとなる環境を作り上げなければ、私たちのビジネスは立ち行かなくなるという強い危機感を覚えたわけです。

長谷川　それで、社長に就任したタイミングで大々的な改革に乗り出された。働き方改革の枠を飛び越えた、経営改革ですね。

江川　ダイバーシティチャレンジやリクルーティングなど様々な課題解決に取り組みましたが、より短い時間で高品質の価値を生み出す働き方を定着させるワークスタイルチャレンジが、特に今回のコロナ危機に生かされました。かつては残業が当たり前の体質でしたが、「Project PRIDE」で、決められた時間内で成果を出すという意識が社員に身についていたため、お客さま先でのリモートワークへの移行もスムーズに進みました。もし以前のスタイルのままだったら、おそらくメリハリをつけることができずに長時間働く人が続出したでしょうね。

長谷川　そういう意味では、御社は多くの企業が今後進むべき方向性、言い換えれば未来にあるべき姿を提示されていますね。そして「Project PRIDE」を進められる中で、ＲＰＡも活用されました。

江川　働き方改革を進めると、まず上の人間が率先して定時で帰るようになり、それを見て若い社員もしっかりと定時に帰るようになります。そうすると業務のしわ寄せが来るのがマネジャークラスです。日本の企業でいえば課長クラスの中間層に集中するのが目に見えていました。そこで、マネジャーが普段やっているデスクワークの多くをＲＰＡに置き換えていき、付帯業務を大幅に削減しました。そこで生まれた時間で、本来メインとすべきクリエイティブでお客さまに対して高付加価値な仕事に集中できる環境を整えたのです。

バックオフィスの中では、人事部でＲＰＡが非常に活躍しました。私たちの業界では、9時から18時まではお客さまのところで働き、自分の仕事をしたりするというのが通常の働き方だったのです。当社でも「Project PRIDE」以前はそうでした。すると、たとえば引っ越しをしたとか、子どもが生まれたとか、そういう人事部への報告や問い合わせは18時以降に始まり、人事部はそれらの問い合わせに対して夜遅くまで対応せざるを得ないという状態だったんです。アクセンチュアでは、社内規則や申請手順はきちんと明文化されていたものの、正しい情報に行き着くまでが難しかった。そこで、ＡＩのチャットボットを導入して、24時間３６５日対応できるようにしたことで、人事部の残業問題が抜本的に解決できました。

長谷川　御社のスタイルは確実に日本全体の企業に広がろうとしていますよね。とはいえ、どんな会社でも働き方改革は成功するものでしょうか。

江川　今一番の課題は、ジョブ型の働き方ができていない企業がまだまだ多いということです。当社の場合、この点においては何十年も前からジョブ型でやってきたので問題はありませんでしたが、そうではない企業にとって、たとえば在宅勤務を50％にすると打ち出しても、自宅で働いている部分をどう評価するのかという問題に行き当たります。一方で、自動化の流れは確実に進んでいて、リモートワークが定着していくことで、日本でもジョブ型へのシフトが進まざるを得なくなっています。半ば強制的にでもシフトを加速することが、良い結果につながるかもしれません。

「リビングシステム」を支えるＲＰＡとＡＩ

長谷川　私の知る限りでは、アクセンチュア東京オフィスは、ＵｉＰａｔｈのビジョンである「A Robot for Every Person」に賛同いただき、昨年秋から世界で一番早くテクノロジーコンサルタントの方が自分自身の仕事にもＲＰＡを取り入れ、グループ全体で使用を始められました。知的労働であるコンサルタントだからこそ、レポートの作成などはロボットにやらせ、自分の体験も生かしながら、〝しみじみ感〟を持ってお客さまの所でロボットを使いこなすことによって、お客さまのデジタル化を進めようという考えだとお聞きしています。

江川　私はデジタルディスラプションはすべての業界に影響を及ぼすものと考えていますが、コンサルティング業界も例外ではありません。たとえばシステム開発の現場では、プロジェクトマネジャーの仕事はすでにロボットが活躍しているんですよ（笑）。ロボットにこのプロジェクトの進捗を教えてと話しかければ、次の瞬間、進捗状況や予算執行状況が返されてきます。今や、ＲＰＡとＡＩを組み合わせれば、それぐらいのことはできてしまうのです。また、コンサルティングの業務には、定型に近い市場分析や業界分析があります。これもロボットに話しかけるだけで、一気に調べてきてくれて、最新のデータをまとめた詳細なレポートを作成してくれます。今までは、そこまで整えるのに人手を介して1週間ぐらいかかっていたところが、ほんの一瞬で済むようになります。コンサルティングの現場にもこういう風にＲＰＡが入り込んでいます。

長谷川　私がバークレイズ銀行にいた頃、江川さんはデジタルで会社を変えようとしてこられました。一緒に食事をした時に、私の転職先はＲＰＡ業界がいいんじゃないかと薦めてくださったくらい、ＲＰＡのテクノロジーへの注目は非常に早かったですよね。

江川　ＲＰＡのテクノロジーは、デジタルの中心になると思っています。

長谷川　江川さんがそう思っていることは、ぜひ多くの方に知ってもらいたいですね。もうひとつ、非常に印象的なのが、御社のデジタル化は人間が中心にある、人間を生かすためのデジタル化であるという点です。

江川　冒頭でもお話ししましたが、かつてのコンサルティング業界は、男性社会で体育会系の色が濃かったんです。5年前までは当社でも男性社員が約8割を占めていました。しかし、今のデジタルが主流となった世の中では、私たちが提案して構築したサービスやプロセスが、お客さま企業やさらにその先の消費者に圧倒的な顧客体験と共に受け入れられて、成果にまでつなげなくてはならないのです。そのためには、私たちが提供するサービスも女性の感性やグローバルな視点をはじめとして、多様性がある価値観を踏まえることが不可欠です。働き方改革を推進し、さらにＲＰＡの導入などで効率化を推進したかいもあり、今では新入社員の女性比率は50％を超えるまでに変化しています。

長谷川　なるほど。今後のコンサルティングには、多様性の確保が重要になっていくのですね。加えて、たとえばＥＲＰ間をつなぐような領域にもかつてない動きが出ていると聞いていますが、そういったところにもＲＰＡは活用されていますか。

江川　ふんだんに使われています。私たちは、ＥＲＰに代表されるような基幹系と、ビジネスの動きに即応するシステムの両立が重要だと考えていて、その両立を実現させる仕組みを「リビングシステム」と呼んでいます。直訳すれば〝生きた仕組み〟ですが、〝常に改善・進化し続ける〟という意味です。従来のシステムは、大規模なシステム更改のために、複数年にわたるプロジェクトを組成して大きな労力とコストが発生しており、その間に発生する市場変化に適切に対応することが難しかった。これに対して「リビングシステム」の考えは、マイクロサービスやＡＰＩなどの新技術を組み合わせて疎結合されたシステムを、市場の変化に合わせて継続的に更改していき、常に最適な状態を維持していこうという考え方です。

長谷川　リビングシステムは素晴らしいものだと私も思っています。

今、デジタルの時代では、ビジネスの前提が6カ月ごとに変わります。そのような状況で、3年かけてとても苦労してシステムを作ったのだから6年間我慢して使ってくれというアプローチでは、時代に取り残されてしま

います。しかし、リビングシステムの考え方で、ＲＰＡやＡＩでレガシーシステムを新しいシステムとつなぐことができれば、相乗効果が生まれてレガシーシステムは再生し、バリューが継続します。逆に、レガシーのしっかり安定稼働する信頼性の高い部分を最適活用して、これまでの投資を生かすことにより、投資を別のところに回して十分に戦う力がつけられます。リビングシステムによって、ＧＡＦＡのような新しいテクノロジーを持つ会社だけが競争に勝つ世界ではなくなり、レガシーシステムを上手くチューンアップして優位に立てる仕組みを提供できるんですね。

江川　時代的にそういう流れになっていくと私は思っています。

長谷川　その中で、テクノロジーとしてＲＰＡとＡＩはデジタルを機能させるためにも必要なものだと考えてよろしいですか。

江川　そうですね。これからはデータを活用した社会にどんどん変わっていきますよね。日本は製造業が強い国と言われていますが、今、サプライチェーンも変わろうとしています。工場の末端のデータやロジスティクスなどのデータをリアルタイムで取ってきて、たとえばそれを生産管理システムに直接流し込むことでサプライチェーンの仕組みの自動化、もしくは半自動化ができつつあるんです。そして、データを集めてきたり、そのデータをサプライチェーンの仕組みに流し込むという作業で、ＲＰＡやＡＩに存分に活躍してもらえる。どんどん自動化が進んで分析がベースになる社会においては、データがとても重要になってきますので、データを扱う場所ではＲＰＡとＡＩが不可欠になるでしょうし、そこに踏み出せない企業は衰退していくと思っています。

長谷川　同感ですね。ビッグデータを集めるだけで仕事が終わるわけではありません。たとえば、ＲＰＡならワードのドキュメントを３００個瞬時に読んで、必要なデータを集めることができます。データベース化することに多くの時間を使うのではなく、現場で身近なパワーツールとしてＲＰＡを利用していただきたいですね。コンサルタントの方には、創出された時間で本当に必要なデータを見つけることが大切だと思っています。

江川　データをいかに利活用するか、ですね。

日本が世界をリードする次世代の業務プロセスの創出を目指す

長谷川　御社が昨年開設された「アクセンチュア・インテリジェント・オペレーションセンター福岡（以下、ＡＩＯ福岡）」は、まさにデータ時代の最先端施設ですね。

江川　RPAやAIをはじめとする先端技術を活用して、BPRにより人間とマシンが高次元で協働する、インテリジェント化された次世代の業務プロセスの創出を目指しています。AIO福岡を拠点として、お客さまの業務をBPOという形でお引き受けして執行しています。以前はそれらの業務を、たとえば中国、フィリピンやインドで行うことで30～40％のコストダウンを成し遂げていました。それだけでも十分な効果で、数年前まではたいへん喜ばれたのですが、今は、RPAとAIが出てきたため流れが変わりました。たとえば、アクセンチュアに任せる業務で、オフショアの活用に留まらずにRPAとAIを組み合わせれば、さらに圧倒的な効率化が実現できるのではないかというリクエストが、先進的な企業のCEOから寄せられるようになったのです。であればそれを実現しようと立ち上げたのが、AIO福岡です。ここではお客さまの現行業務の90％自動化を目指していますが、現時点では業務によっては70％程度の自動化が達成できている状況です。

長谷川　70％の自動化でもとても高い数値ですね。実際にこれを実現するための秘訣は何なのでしょうか。

江川　そうですね。プロセスをエンドツーエンドで考えた時に、人が行っていた業務にRPAやAIの適用領域を組み込むというアプローチではなく、そもそも自動化を前提とした業務プロセスを組み上げて、どこのプロセスに人が介入すべきか、という視点で考えています。

たとえば、当社でゼロから設計した伊予銀行様の「デジタル・ヒューマン・デジタル」というプロセスが、このような考え方の例として挙げられます。銀行の受付では、これまでは、用紙に記入して窓口に持っていくのが当たり前でした。しかし伊予銀行松山北支店では、タブレット端末をずらりと並べていて、お客さまは端末を操作すれば口座開設から預金までスムーズにデジタルで完結できるようナビゲートされます。チャットとＡＩを活用した新プラットフォーム「Chat Co-Robot」をベースに、本人確認も免許証などをカメラに見せることでその場でできます。人の手を一切わずらわせないで業務をするにはどうすれば良いのかという発想で作っているんです。さらに、お金やライフスタイルに関するお客さまとの接点はきちんと〝ヒューマン〟の良さを生かし、そこで得られた知見はきちんと〝デジタル〟で銀行のオペレーションにつなげていくという仕組みで、このシステムの裏側には、当然ＲＰＡが欠かせません。

長谷川　今の話をうかがってさらに確信できたのですが、ＡＩだけでは、日本はアメリカや中国に追いつくのは難しいかもしれないけれど、ＲＰＡとＡＩの組み合わせによるデジタル化という分野では、日本が世界をリードできるのではないでしょうか。人が介在するような金融業務の中で自動化を推進しつつ、おもてなしも両立させるというのは、日本ならではですね。日本が世界に発信していけるものではないかと思います。

江川　おっしゃる通りで、オペレーションが絡む部分に関しては、世界中のアクセンチュアの中でも日本が一番強いんですよ。

長谷川　やはりそうですか。

江川　70％くらいの自動化を目指されているお客さまがいらっしゃる話を、弊社のグローバルのＣＥＯに伝えたことがあります。しかし、日本のお客さま以外はそういう要求をしてこないと言われてしまいました。これは5年ほどの前の話で今は違うのかもしれませんが、日本のお客さまのほうが、業務に対して人間の介在をゼロにして、徹底的に効率化したいという欲求が強いんですね。もうひとつ同じような例が、工場や倉庫の自動化、いわゆる無人倉庫化です。これもニーズがあることをグローバルのＣＥＯに伝えても、そのような高度な自動化を目指すのは日本だけだと。要するに、無人のサプライチェーンを実現したいというニーズは、世界の中で

も日本が圧倒的に強かったわけです。しかし興味深いことに、コロナ禍で状況が一変していま
す。日本のニーズには大きな興味を示さなかった欧米で、物流倉庫で人が働けなくなったため、
日本が進めてきたサプライチェーン無人化のソリューションが必要になってきたというんです。
それで日本のやり方を教えてくれという声が殺到しています。

「市民のためのデータ」を標榜し、全国にスマートシティを展開

長谷川　コロナの影響で予想外の変化が起きているわけですね。このような方向を前から予測され準備されていた見識の高い経営者の方もいらっしゃり、あるべき姿に近づくスピードがコロナによって加速させられているとおっしゃっています。

これから地方の時代と言われる時に、ぜひ福島県会津若松市のお話も聞かせていただけませんか。ＩＣＴの活用とは無縁であった地方都市をスマート化したケースとして高く評価されていますよね。

江川　会津若松市との出会いは東日本大震災の後で、当社としても何とか福島県の力になりたいという思いがありました。会津若松市には会津大学というＩＣＴ専門の大学があって人材育成体

制という面でも条件がそろっており、当社とも親和性が高いことがわかったことで、2011年8月に事務所を作って社員5人でプロジェクトをスタートしました。

今、多くの自治体でスマートシティの実証実験が行われていますが、その多くが医療分野だけとか、交通だけというような単独の分野のプロジェクトです。それに対して会津若松市では、さまざまな分野でICTを活用し、プラットフォーム化しながら継続して展開しています。すると、それを使って何か役に立つことができるのではないかと、国内外の有力企業が会津若松市に拠点を構えたり、ITベンチャーが移転してきたり、起業が促進されたりするという効果が表れる。そういうモデルを会津若松で作ったわけです。今は、この会津若松で作り上げたプラットフォームを「都市OS」として進化させて、今後、全国で生まれるスマートシティプロジェクトの標準アーキテクチャーとして展開を図っています。

長谷川　具体的にはどのようなことが行われていますか。

江川　会津若松では、医療やモビリティのみならず、観光、食・農業、エネルギー、もの作りなど、単一の取り組みに留まらず、さまざまな実証が行われています。この「都市OS」はAPIを公開することで、さまざまな企業がこのプラットフォームを活用して、多様なサービスが実現されてきているのです。たとえば、インバウンド向けのサービスでは、外国人の方の国籍や来訪目的などに応じて、表示するコンテンツを変えます。国が違えば食べたいものも見たいものも異なりますよね。さらに、大都市圏からの交通手段や推奨観光ルートを提示するなどの施策が組み込まれた結果、施策実施前と後で、インバウンド客が5・4倍に増加しました。この都市OSの仕組みは全国の自治体にも横展開することができます。事実、会津若松市以外に奈良県橿原市でも活用されているほか、多くの地方自治体への展開も控えています。コンテンツを作るちょっとした技術を持った人材さえいれば、地方のデジタル化も進みます。RPAやAIに詳しい人がいるだけで、観光産業を飛躍的に発展させることもできるわけです。

長谷川　デジタルインフラがあり、RPAやAIを使いこなせる人財がいれば、そこからデジタルビジネスができるというケースが地方で実証されていることはとても興味深いです。UiPathもRPA×AIの領域で引き続き伴走させていただきたいと思います。

もうひとつ興味深いのは、会津若松ではデータを収集する際に同意を得る「オプトイン」という方式を取られている点です。私たちには、デジタル化がどんどん進んでいった時、アナログやヒューマンセントリックなものがないと破綻を来すのではないかという懸念があります。私はこれらの課題を解決するカギはエンパシーではないかと思っていますが、御社ではオプトインという方式を取り入れられました。

江川　引き続き支援お願いします（笑）。

オプトインは、ヨーロッパで先行しているデータプライバシーについての話で、GDPRの流れはもちろん意識していました。また、誰のためのスマートシティであるかを考えれば、その土地に住む市民が受益者であるべきで、市民の方が納得したスマートシティでなければサステイナブルな取り組みにはなり得ない。そのためには、データは地域で管理して、新たなデジタルの種として地域で活用していくことが、地域経済を考えた時に最善なのではないかという思いがあったんです。だからこそ、会津若松市のプロジェクトでも、データは市民のものという考え方を徹底し、あくまで市民視点で利便性を追求し、それに対して必ず明確な同意、つまりオプトインをいただいた上で必要なデータを得ています。市民と地域社会、そして参加企業にとって、「三方良し」のルールで活用することが重要であると考えています。

AIとロボットを部下に持ち、誰もが社長になれる時代に

長谷川　RPAがより多くの人に使われるようになれば、人間がキーボードから解放される時代がやってきて、近い将来、人間はPCの前に座って仕事をすることがなくなるかもしれないと私

は考えています。全員がスマートフォンで働ける環境になれば、オフィスに行く必要もより少なくなるのではないでしょうか。

江川　私の勝手な思いを話しますと、将来「ひとり企業」が増えるのではと思っています。RPAとAIが様々なシーンで使えるようになっているためです。今、私たちのお客さまの中には、50以上の主要な意思決定ポイントすべてにAIを取り入れようとしているケースがあります。つまり、人間の意思決定は、全自動とまではいかなくても、半自動くらいになっていくということです。さらに言えば、経理業務や人事業務などは、ほとんどがRPAでできてしまうようになっています。生産分野でも、ロボットにより全自動で生産できる環境が整いつつあります。そうすると、今まで工場を持って製造業を起こすのに最低100人の社員が必要だったところが、ひとりとまではいかなくても3人とか5人の規模でできてしまう時代が訪れるかもしれません。会社のバックオフィスの仕事はすべてRPAとAIが担当してくれるので、将来は少人数の優良企業が次々にできてくる可能性があるわけです。そういう人たちの競争優位性を考えると、おそらく地方に工場を持った方が有利だし、地方にこそ、そういう企業が出てきてもおかしくありません。希望も含めて、そんな絵が私の頭の中には描かれているんです。

長谷川　全員が社長になっていく。RPAとAIを使って、地方に優良なビジネスがどんどん生まれる。早くその世界を一緒に実現させたいですね。

江川　ぜひ一緒に進めましょう。

第 7 章

デジタルの力で日本の未来を切り拓く

茨城県の取り組みが世界のRPA活用モデルに

対談

茨城県知事 **大井川和彦** 氏

企業だけでなく、行政の世界にも、RPAは着々と広まり始めている。その先鞭をつけたのが茨城県だ。行政の事務作業とRPAとは親和性が高い。職員には、定型的な事務に時間を取られるのではなく、より踏み込んだ住民との対話によるサービスや、政策企画業務に集中したいというニーズは高いが、まだ事務作業の自動化が普及しているとは言いがたい。RPAが行政においても大きな効果を上げられることを実証したのが、自身、IT企業での豊富な経験を持つ大井川和彦知事だ。とはいえ、仕事の改革の前に意識改革が必要になるなど、その道筋は一筋縄ではなかったという。自治体行政改革のリーダーのひとりでもある大井川和彦知事に、そのビジョンと熱意を聞いた。

大井川和彦 氏

1964年生まれ。1988年、通産省入省。シンガポール事務所長、経済産業省商務流通政策グループ政策調整官補佐等を経て2003年に退官、マイクロソフトアジア入社。2010年、シスコシステムズ合同会社専務執行役員パブリックセクター事業担当に就任。2016年、株式会社ドワンゴ取締役。2017年9月より現職。

世界に広がり日本に逆輸入された行政によるRPA活用

長谷川　大井川さんは、就任されてからわずか3年の間に、企業誘致や医療従事者不足の解消、教育現場における業務の負担軽減など数々の大きなテーマに取り組んでいらっしゃいます。何が大井川さんの原動力となっているのでしょうか。

大井川和彦知事（以下、敬称略）　選挙期間中から言っていたことですが、地方にとって最大の課題のひとつに、人口減少が挙げられます。東京一極集中はすぐに変わるものではなく、自治体はこれまでに経験したことのないような、大幅な労働力の減少と高齢化に対応していく必要に迫られています。そんな環境の中で、従来と変わりない確かな経済活動や行政サービスが維持できるかどうか。私自身は、非常に厳しいところまで追い込まれる可能性が高いと、強い危機感を抱いていました。そこで、今までの延長線上で同じことをやっていたのでは地方に未来はないと訴え、県民の皆さんに知事に選んでいただいたわけです。

長谷川　その思いを、就任直後からスピード感を持って形にしてこられたわけですね。

大井川　行政機関の長として仕事をスタートした直後、真っ先に気になったのが職員たちの仕事の仕方です。先例を重視し、横並びの仕事をよしとする、リスク回避を重視したやり方が身についているように思えてなりませんでした。もちろん、リスク回避自体が悪いというわけではなく、安定して行政を回していくという意味においては、それが適していた時代もあったと思います。しかし、激動の時代に入っていかざるを得ない社会情勢の中で、かつてと同じスタイルを続けることはもはや不可能です。そして、新しい時代の中でどのように行政を回していくのかを考えるのは、トップの役割です。私は、リスクを取ってでも新しいことに挑戦し、一般企業と同じように競争相手に対して差別化を図っていかなければ、生き残りは難しいと考えました。

長谷川　しかし、新しい形への挑戦には、膨大なエネルギーが必要になります。行政組織ではなおさらかと思うのですが。

大井川　確かに、役所という組織は、今までの仕事の体系に合わせてあらゆることが決められていて、それに応じて人員が配置されているので、新しいことに挑戦しようとしても対応できないことが往々にしてあります。このため、〝やったこと〟にしたり、少しだけ取り組んでうやむやにするという、良くない慣習が多かった。そこで、そもそも業務をやめるとか、やり方を大幅に変えるとか、これまでとはまったく違う視点を持ち込む必要があると感じていました。

長谷川　私が大井川さんと初めてお会いしたのもその頃でしたね。

大井川　そうです。ＲＰＡの話をうかがって、これは使えると確信しました。そして、試しに活用させていただいたら、目に見えてすごい成果が表れたわけです。本来であれば、役所ではこのような新しいツールは少しずつ増やしていこうとするものですが、成果を上げているＲＰＡは一気に導入させていただきましたね。

長谷川　２０１９年度は20業務へＲＰＡを導入し、職員の業務時間にして3万時間以上の削減効果が得られたとお聞きしています。

　実は、茨城県の成果が世界にも広がっていることをご存じでしたか。２０１９年1月のＵｉＰａｔｈのイベントで大井川さんに講演をしていただきましたが、弊社のグローバル幹部もその講演を聴いていました。そして、行政とＲＰＡがベストマッチングであることに感心し、グローバルでも行政や公共機関へのＲＰＡ導入に力を注ぐようになりました。今回のコロナ禍で、アメリカでの失業保険やフランスでの外出許可証の申請にＲＰＡが導入されて成果を上げたのですが、すべて大井川さんのスピーチがきっかけだったんですよ。

大井川　本当ですか（笑）。

長谷川　本当ですよ！　さらに、海外の事例を日本に持ち帰り、政府にその成果とリモートワークの先に自動化が必要であるコンセプトをプレゼンしたところ、内閣官房新型コロナウイルス感染症対策推進室と、「新型コロナウイルス感染症関連対策に関するロボティック・プロセス・オートメーション及びＡＩ等の活用のための共同取組に関する協定」を締結するに至りました。茨城県の取り組みが世界に広がり、逆輸入されて日本に戻り、ＲＰＡの導入が推進されて日本の役に立つという流れが作られています。

大井川　それは嬉しいですね。役所や学校など、公務員の仕事には定型的な業務が膨大な量で存在し、その中でさらにいろいろな対応が求められます。そういう意味で、ＲＰＡの可能性はさらに広がると思っています。そして、かなり職員数を絞り込んだ組織の茨城県において、少数精鋭で業務を回していけるような体制作りに、大いに貢献するのではないかと期待しています。

「大井川イズム」で変化を嫌う組織を改革

長谷川　RPAで大きな成果を上げておられている茨城県ですが、職員の方にはどのように受け入れられていったのでしょうか。

大井川　正直に申し上げれば、最初の1年ほどは苦労がありました。現場はRPAを知らないどころか、すでに導入している電子決裁すら使おうとしていなかった。電子決裁は決裁文書の書き換えを防ぐためにも有効なので活用しようと言っても、できない理由が次から次へと出てきて、眠ったままにされていたわけです。今までの行政トップは、そういう細かいところまではあまり関心を持たなかったようで、「使われないなら仕方がないか」で終わっていたんですね。

長谷川　しかし、大井川さんは違った。

大井川　私はまず、職員に〝できない理由〟をすべて出させて、それをひとつひとつ潰していきました。そして、何月までにできない人は、できない理由を私が直接ヒアリングすると伝えたんです。できない職員は私に直接〝弁明〟しなければならないわけで、そこに来て初めて職員は、私がデジタル化を進めるというのが口先だけではなく本気なのだと分かったようです。こうして半ば強制的に電子決裁を体験させ、業務が軽減されるという成功体験を作っていったわけです。そこからは、割とスムーズに導入が進み、10％台だった電子決裁率は4カ月でほぼ１００％になりました。ＲＰＡの導入では、最初に4業務で実証実験をした後、次に20業務の自動化案を募集したところ、職員からたくさんの応募があり、これは嬉しい驚きでしたね。

長谷川　先日、茨城県庁のＲＰＡ実証実験を進めた「ＩＣＴ戦略チーム」の方とお話をする機会があり、なぜＲＰＡ導入がここまで成功したのかを聞いてみました。すると、「大井川イズム」という言葉をおっしゃっていました。

大井川　「イズム」と呼べるかは分かりませんが、私が知事就任から一貫して強調しているのが、「何もしないことは非常に良くない」ということです。実はこれまで、役所の中では、不作為はあまり責められることではありませんでした。何もしなければ何も起きず、失敗もしないわけですからね。しかし、私は挑戦して失敗するのはＯＫであるというカルチャーを持った役所に変えようとしているんです。それはまだ途上の部分もありますが、今回、ＩＣＴの戦略チームがスピーディに機能したことと、職員から自動化に対する積極的な意見が自発的に出たことが、ＲＰＡの導入を一歩前進させたことは間違いありません。職員のスピード感とチャレンジ精神が、成功には欠かせなかったんです。

長谷川　今回のコロナ禍において、RPAを生かして非常にスピーディな対応をされていましたね。私たちも他の自治体に対して、茨城県の事例を5つの切り口で取り上げながら、RPAの紹介を行っています。まず「リモート」。ロボットがやってくれるので全職員の登庁は必要なくなり、3密が回避されてクラスターリスクの軽減にもつながりました。次に「フレキシブル」。別の用途で作った支払処理用のRPAをうまく手直しして、申請書をデジタル化するAI－OCRと組み合わせて自動化を横展開され、新型コロナウイルス感染拡大防止協力金の支払いにも活用されました。そして、その支払処理にかかる時間を1件当たり12分から2分へと80％も短縮させ、1万件以上の対応を可能にした「ボリューム」。短期間で既存のロボットを使って自動化を実現した「クイック」。結果としてロボットにより、非常にスムーズに協力金を支払うことができたという「サービス」も重要です。今回の新型コロナ対応で、茨城県はRPAのメリットを見事に発揮された形ですね。

大井川　やはりこういう時に、RPAのパワーが顕在化しますね。アメリカやフランスの例でもそうでしょう。新型コロナによって大量の定型的な業務をこなさなければならなくなった時、RPAが実力を発揮した。もしもすべてを手作業でやっていたらと想像すると、恐ろしいですね。今回、経験を積めたことは、今後の緊急時の対応にも大きく生かされると思っています。まったくツールがないところで意識だけ変えろと言っても大変だったでしょうけど、こういう素晴らしいツールが今、世の中にあるというのは私にとっても天の救いでしたね。

長谷川　さらに、茨城県の職員の方全員がロボットを使いこなせるようになれば、より画期的な事例となりますね。

大井川　長谷川さんの提唱している「A Robot for Every Person」ですよね。それが企業ではなく、世の中で最も旧体質と思われている県庁で起こるということに、大きなインパクトがありそうですね（笑）。

長谷川　茨城県の優秀な学生さんは、地元に戻って就職される際には県庁に入られることが多いとお聞きしたことがあります。しかし、実際に入られても、たとえば定型的な業務に時間を取られてしまい、本当に必要な住民のためのサービスや施策の立案に携わることができないとなると、モチベーションも下がるでしょうし、辞めてしまうこともあるかもしれません。RPAによる自動化が進んでいれば、優秀な人材が本当にやりたいことに時間を使えて、その結果、住民サービスの向上につながりますね。また、RPAとAIは親和性が高く、相乗効果を持っていて、それを今回、茨城県が有効に活用されました。私としてはペーパーレスがあるべき姿だと思っていますが、協力金の申請書などで紙の書類がどうしても必要な時には、AI－OCR

を組み合わせることで圧倒的に自動化が進みました。

大井川　確かに、行政の対象には高齢の方も多くいらっしゃいます。そのため紙の書類をすべてなくすことは、現実的にはできない部分があります。そういう意味では、ＡＩ－ＯＣＲが非常に役立ちました。

長谷川　チャットボットなどのＡＩを活用していくという点については、どのようなビジョンを持っておられますか。

大井川　確かに、最近、多くの人がスマホやＬＩＮＥでチャットを使っていますが、人が対応する電話窓口などは、24時間対応が難しかったり、職員によって対応の差が表れたりという課題もあります。その課題の解消には、ＡＩを使ったチャットボットが有効ですね。また、私たちのＰＲにＡＩを使えば、今までのように一方的に特定のセリフを流すだけでなく、相手の反応を見ながらＰＲしていくことも可能になるわけですね。たとえば、「あなたに今必要なもの

はこれですよ」と、こちらから教えてあげることもできる。そういう「プッシュ型の行政」を目指そうとする時、RPAとAIを組み合わせたツールは大きな可能性を感じますね。

地域の優秀な人材と現場力が日本を支える

長谷川　今回のコロナ禍のような時代の変わり目に必要なのは、地域のリーダーシップであることが示されたと思われましたか。

大井川　そう思いました。高度経済成長期から、自治体は一貫して国に財源や施策を要求するという姿勢を取ってきました。要するに、国に「なんとかしてくれ」ということが多かったのです。しかし、今回の新型コロナ対策では、大阪府知事や北海道知事を筆頭に、都道府県の比重が非常に大きかったように感じます。現場からの発信力が強かったと思いませんか。私自身も、国に何かを頼むのではなく、自分たちで考え、「国がこう言っていてもこうやるんだ」という強い意志を持たなければ現場は回らなかったと感じています。新型コロナ対策で例を挙げれば、当初、発熱が4日間続かないとPCR検査をしないと厚生労働省から指針が出ていましたが、茨城県では医師が必要だと思ったらどんどん検査をするようにという方針を打ち出したことで、市中感染の拡大をなんとか未然に防いできました。今回の新型コロナに限らず、常に大事なことは何かを考える思考を持ち、自分たちで考えるということを習慣づけておかないと、自治体に未来はないでしょうね。これまでのように、国に頼って財源まで国に期待して、国の指示待ちでは駄目だという危機感を、私は強く持っているんです。だからこそ、どんどん新しいことを、自分たちが差別化できることを考えていきたいし、定型的な業務はＲＰＡでどんどん自動化しなければいけない。それは当然の帰結としてつながってきます。

長谷川　私も地域の現場力は非常に大切だと思っています。たとえば、総務省に「地方自治体における業務プロセス・システムの標準化及びＡＩ・ロボティクスの活用に関する研究会（スマート自治体研究会）」という研究会があり、私も参加したことがあるのですが、やはり実際に現場で実践された方が「自分たちはこういう風にやりました」と主張されると迫力が違います。

大井川　標準化という方法では、最終的にできないことが結構ありませんか。どんどん先進事例を作り、デファクトスタンダードに持っていく方が早い気がします。机上の空論で標準化を図ろうとすると利害調整の結果になり、非常に使いにくい標準化にもなりかねません。医療の情報化もそこでつまずいている気がしてなりません。

長谷川　同感です。実際にやったことがある人の方が、「これができた。これはできなかった」という事例があるから分かりやすい。今回の件に関しても、ぜひ茨城県に事例を発表していただけるとありがたいです。

大井川　特に公共のマーケットはそこが醍醐味で、民間企業と違って秘密にしないので横展開がしやすいんですよね。横展開の意識は我々ユーザー側には足りない部分もあるので、ぜひ横展開をどんどん営業したらいいと思いますよ。私もかつて公共営業をやっていましたので（笑）。

長谷川　私は経済産業省の「地域の持続可能な発展に向けた政策の在り方研究会」の委員も務めていますが、そこでお話ししたのが、地方公共団体の幸福度の尺度があっても良いのかなということです。茨城県庁のように、手作業が自動化されることによって職員が本当にやりたい仕事ができ、職員の幸福度が上がったら、地域住民のための政策に時間を使えるようになり、地域住民の幸福度も上がりますよね。

大井川　働きがいがあり、面白い仕事ができる環境を作ることができれば、職員のモチベーションも上がって良い政策も出てきます。他の自治体や企業に対する差別化につながり、茨城県庁が「あそこで仕事ができてうらやましいね」と言われる対象になることで、さらに良い効果が生まれそうです。

長谷川　それがひいては、優秀な人材確保にもつながるはずです。今後デジタルを自由に使いこなす世代が社会人となりますが、彼らはロボットとAIを当然のように使いこなせるでしょう。そんな人材がどんどん育ってくる時に、「茨城県庁に入りたい」と思わせるためには、彼らが楽しんで仕事ができるような方向性を示していなければなりませんね。

大井川　新卒のフレッシュな人材が、県庁組織の中で矛盾を感じることは少なくありません。「なんでこんな無駄なことをしているんだ」とか「こんな本質的でないことをやっていていいのか」と思うのですが、5年くらい経つと職場の風土に染まってしまい、疑問を持たなくなってしまいます。これは本当に避けなければならないことです。常に疑問を持ち続けられる、若い世代がやりがいを感じられる職場に茨城県庁がなれるよう、私も含めてトライしていかなければと肝に銘じています。

長谷川　そういった意味では、業務の自動化も大切ですが、今いる人材を業務を自動化ができる人財に育てていく取り組みも必要ですね。

大井川　〝ロボット人財〟ですよね（笑）。茨城県庁でも自分たちでロボットを作る部隊を養成しましょうかね。協力してくださいね（笑）。

アフターコロナで見えてくる地域の可能性

長谷川　新型コロナウィルス感染症の影響で、オフィスという形にこだわる必要はないという人が増えており、さらには満員電車での通勤を嫌って自宅の近くのサテライトオフィスで仕事したい人が増えたという話もあります。茨城県の立地だと、いろいろな意味で働く人の可能性が広がるのではないですか。

大井川　そうですね。実は茨城県庁でも、以前からリモートワークができるようにしていたんですよ。たとえば今回の新型コロナのようなことが起きた時、もし県庁職員に感染者が出てクラスターが発生したら、強制的に皆さん職場に来られなくなってしまいますよね。そういう時のために、職員にリモートワークを試してもらって、通信環境などの課題を洗い出すといった試みを以前から行っていました。

ただ私は、リモートワークが進んでも、時々は社員が集まるというスタイルが完全になくなることはないと思います。しかし、時々とはいえ、出社をするのにあまり遠すぎると時間的にも金銭的にも大きな負担となります。そう考えた時に、ある程度東京から近くて、かつ環境の大きく違う世界という意味では、茨城県はリモートワークの拠点として、個人レベルでも企業レベルでも面白い場所だと思っています。利根川を越えると旬なおいしいものもたくさんありますしね（笑）。

長谷川　今、RPAの開発者は引く手あまたで、人月単価で120万円ぐらいが相場となっていると聞くことがあります。そういう人材が、茨城県に住んで仕事ができるわけですよね。

大井川　RPA開発者が集まる「RPA村」を一緒に作るというのはどうですか。

長谷川　いいですね。ぜひ考えていきましょう。また、たとえば今、茨城県では先進的なRPAの事例を作り始めていて、今後、職員の方が実際に使いこなすようになっていきます。これをサービスセンター化して民間企業と上手くかみ合わせることで、ビジネスにできるのではないでしょうか。

大井川　それは面白いアイデアですね。現在の日本では、企業の8～9割を占めるのが中小企業で、地域経済にとって非常に大きな存在となっています。一方で、こういった中小企業は資金や人材などの課題を抱えているのも事実です。そこに、RPAを使って定型業務をスピンオフさせ、コアビジネスに集中するという発想はなかなか生まれていません。県の経験を生かして中小企業振興ができるなら、面白いかもしれませんね。今までは中小企業振興というと、融資や補助金によって研究開発を支援するとか、人材のマッチングという伝統的手法が使われ続けて、あまり変化のない世界でした。そこに、デジタルトランスフォーメーションで中小企業に変革をもたらすと打ち出せば、政策としても非常にユニークですね。

長谷川　まさにそれが、人財がど真ん中のデジタルトランスフォーメーションという形ですね。これを実際にＲＰＡで成果を上げていらっしゃる茨城県の職員の方が中心となり、民間と組んで始めるというのは非常に面白いと思います。さらに、茨城県には筑波大学や茨城県立医療大学があります。私がコロナ禍で問題だと思ったのが、医療従事者はしっかりと医療に従事できることが重要なのに、それを膨大な事務作業が阻害しているという現実です。そこで、単純作業をＲＰＡにお手伝いさせていただきたい。茨城県の大学出身の医療従事者はロボットも使いこなせるとなれば、非常に価値が高まるはずです。

大井川　大学にＲＰＡの講座を作るというのはどうですか。

長谷川　ＲＰＡを活用することで、社会全体の課題を解決するサービスを茨城県から生み出していければ素晴らしいですね。

大井川　やらなければならない仕事はいくらでもありますので、職員にはどんどん定型的な業務から離れてもらって、新規のアイデアや政策を考えてもらうように時間も予算もシフトできたらと思っています。そういう意味では我々は非常に大事な地点に来ているのではないでしょうか。

夢を語り未来を構想する力を育む

対談

筑波大学学長　**永田恭介** 氏

RPAやAIなど、デジタルの力を使って生産性を上げ、人間が人間にしかできない仕事をする――先進企業や自治体はすでにこの課題に取り組み始めている。それでは、人間にしかできない仕事、人間らしい仕事とはどんなものだろうか。本当にそんなものを見つけ出し、作り出すことができるのだろうか。そこで大切なのは、人間ならではの創造力であり、それを育む教育であろう。国立大学協会会長、文部科学省 第10期中央教育審議会副会長の重責を担っておられる筑波大学学長・永田恭介氏と話し合った。

永田恭介 氏

1953年生まれ。1976年東京大学薬学部卒業、1981年同大学薬学研究科博士課程修了。薬学博士。国立遺伝学研究所分子遺伝研究部門助手、東京工業大学生命理工学助教授、同大学院生命理工学研究科教授、筑波大学基礎医学系教授等を経て、2013年4月より現職。2019年より一般社団法人国立大学協会会長、文部科学省 第10期中央教育審議会副会長。

デジタル時代の本格化とエンパシーの重要性

長谷川　大学の学びの場もデジタル化の影響を受けて変わってきているのでしょうか。

永田恭介学長（以下、敬称略）　ほとんどのことがオンラインでできるようになった今、オンラインの浸透によって大学が突きつけられた問題は、フェースツーフェースで教える意義は何なのかを考えることです。IT、ICT、Society 5.0の先に何があるかということは、以前からずっと考えてきました。が、今般のコロナ禍により、急に現実の問題になりました。また、学校というのは古い体質で、対面こそがすべてだと思っていたところ、リモートによる講義を余儀なくされた今、デジタルの良さを認めて、なんとかうまく活用しようという変化の時を迎えています。

長谷川　永田さんもRPAやAIが中心のデジタルの時代が来ると思われますか。

永田　はい、RPAのロボットや物理的なロボット、AIの力を借りないでできることはどんどん減っていくでしょう。ならば、「何を人間がするべきなのか」を〝見出す力〟を持たなければ、これからの人材は生き残れなくなるのではないかと強い危機感を抱いています。デジタル化が進みＲＰＡを使って時間を最大限に有効活用できるようになると、「人間にしかできないこと」を突き詰めることの重要性がますます高まると考えています。だとすれば、人間自身の能力を今以上に高めていかなくてはなりません。人間が人間らしさを生かし、個性を生かし切ることで、何ができ、何を生み出せるのか。私たちが人間だからこそ創造できる価値と向き合う、常にそんな思考を働かせなければいけませんね。特に大学の存在意義として、その役割は大きくなるはずです。

長谷川　ＲＰＡやＡＩを人に優しいテクノロジーとして、人間がやる必要がないことを自動化し、人間が自由に使える時間を作り出し、人間が本当にやるべきことができる環境になると、そこから先は人間に新たな課題を突きつけられる形となっていくわけですね。会社組織を活性化するには気づきを与えたりモチベーションを持たせることが重要だと経営者の方は話されていますが、教育の現場でも同じことが言えるのでしょうか。

永田　学習を進めれば知識は蓄えられます。しかし、それをどう生かすかという段階になった時、必要となるのが動機づけです。

大学では、大体のことはオンラインでできることが分かってきました。それでも、究極のところ、人の力を最大限引き出していくためには、個人と個人、教員と学生が語り合う対話＝メンタリングが非常に重要です。これこそがフェースツーフェースに残された意義であり、僕ら教員に課せられている大きな役割のひとつです。

たとえば介護を学びたいという同じ希望を持って入ってくる学生でも、どう介護に関わるかは人によって違います。介護の学科に入ったのだから、これとこれとこれを勉強しなさいと言うだけでよいのか。僕は、インターンシップで介護施設に3カ月は行ってきて、全部見ておいでというところから始めないといけないと思います。介護の現場を間近で見て、一番大切なのは精神面を支えることだと気づく学生もいれば、もう少し楽に動けるようにとロボットを作ろうという学生が出てもいい。政治家になって、この国の厚生政策を変えたいという学生が出てもいい。

教員が学生に対してやるべきことを押しつけるのではなく、「やるべきことを見つけさせる」ことが大事です。「私はいったい何者なんだろう、どのように今後生きていくんだろう」というところで動機づけができなければ、結局うまくいきません。若い人は、「ここが私の生き所」というものを見つけると、異様に力を発揮することがあります。学生にこれを気づかせる役割を担うのが教員です。

コロナ禍で浮き彫りになった自国第一主義をはじめ、グローバリゼーションのネガティブな部分もたくさんありますが、今後、社会をトランスフォーメーションしていく際の一番の課題、かつ日本人が先導していくべきことは何かと考えると、エンパシーに行き着きます。日本人がひとつの動機づけとして持てる、しかも世界に対しても誇ることができるものがエンパシーではないでしょうか。あるいは、トラストという概念も挙げられるでしょう。エンパシーというのは、良くも悪くも共感を常に意識しているかどうか。日本風に言うと「おもてなし」がその発露だと思います。これらがロボティクスやオートメーション、ＩＣＴの社会の中で生きてくるのは、〝おもてなしの国〟である日本ならではという気もしています。

長谷川　おっしゃる通りだと思います。私はＲＰＡでロボットを使いこなせる世界を作るためにエンパシーの必要性を強く感じていましたが、今回、私自身も、日本人のエンパシーの強さがコロナ禍での日本のレジリエンスを証明しているのではないかと強く感じています。東日本大震災の時もそうだったと思います。

稲盛和夫氏が提唱したアメーバ経営が成り立つ背景には、それぞれのアメーバ間のトラストが必要で、それがないのなら、アメーバ経営でなく中央集権にした方がいいとお聞きしました。アメーバ経営は日本から始まり、世界にも広がっていく可能性を秘めています。日本から世界に発信していけるものを考える中で、トラストやエンパシーは大きなアピールポイントとなりそうですね。

永田　トラストは日本語で表現しにくい言葉なのですが、一番分かりやすい例が、2019年のダボス会議での安倍首相（当時）の発言にあります。「データフリーフローウィズトラスト（DFFT）」という非常に印象に残る言葉で、「データフリーフロー（自由なデータ流通）」には「トラスト」が必要だというものです。国や組織を超えてもトラストが間にあれば、あらゆることが上手くいくでしょう。技術的には出遅れたところがある日本ですが、諸外国にはない独自の価値を作っていくことができるのではないかと感じています。

長谷川　信用のおける者同士でデータがフリーに流れて、お互いに使い合いましょうということですね。その考えの基礎として、相手に対する共感であるエンパ

シーであり、さらにポジティブに考えると、相手を精神的にも助けるおもてなしということになるのでしょうか。日本人の得意分野にして、国際社会でも高く評価されています。

永田　教育の現場では、その力を引き出すことが重要であり、言葉を変えれば個々の動機づけということになるのだろうと思います。古臭いかもしれませんが、それが結局は重要なことなんです。

企業のトップや教育者が夢を語らないと進化はない

永田　もうひとつ重要なことは、企業や教育組織のトップが夢を語れなければならないということです。個人の夢でも社会の夢でもどちらでもいい。それが私たちの責務だと思っています。オープンイノベーションという言葉が日本でも使われるようになっていますが、真のオープンイノベーションとは、ひとつの夢をみんなで追求することではないかと考えています。夢の大小は関係ありません。小さいプロジェクトや大きいプロジェクトと言い換えることもできるでしょう。

私は、世界で一番上手くいったオープンイノベーションはアポロ計画だと思っています。あの時、様々な分野で変革が求められていました。たとえば、部屋いっぱいを占める大きさだったコンピュータが、ロケットに載せるために小さくなりました。狭くて、酸素がなくて、重力がないところで使わなければならないため、片っ端から変革していったわけです。そして、誰も「やらなければ」ではなく、みんなが「やりたい」という共通認識を持っていたのではないかと思います。その背景には、人間が初めて月に降り立つという夢があり、我が社はこの分野になら参加できる、私の研究はこの分野をなんとかできるというたくさんの思いの集大成で月へのロケットが打ち上がったのです。

長谷川　私もアポロ計画の話がとても好きです。どんなにコンピュータサイエンスを駆使しても、最後には人間が難しい決定をし、ジャーニーをマネージしました。「人間が中心のトランスフォーメーション」のまさにお手本だと思っています。現代のデジタルの世界を実現する際にも、永田先生のおっしゃるように、人間が「自分はこれをやりたい」と思えなければならないし、そう思える人間がたくさんいなければならない。そのためにはトップは夢を語り、そこに行きたいと思う人をたくさん作りインスパイアする必要があると感じます。

永田　とはいえ、私自身は大学でそれに類することができているか、自問自答を繰り返す日々です。トップが夢を語らなければならないという話は、自分にとっての戒めでもあり、これから真に取り組んでいかなければならないことだと思っています。私はまだまだ未熟ですから、日々考えないといけません。テクノロジーの分野であれば、人と機械が一体化するような夢物語もありますよね。大学は、誰もが様々な夢を好きなように語り合える場所であるべきだと思っています。企業になるとビジネスという問題も関わるため少し限定されるかもしれませんが、少なくとも大学は好き勝手に夢を語っても良い場所にしたいですね。

長谷川　先生が未熟と謙遜されると私の立場が（笑）。大学が夢を語り、民間企業が夢の実現をサポートするという形を取ることができればいいですね。今後ますますそういう仕組みや連携が必要になってくるのではないでしょうか。

永田　私もそう思います。結局、夢を語っても夢で終わってしまっては楽しくはありません。アポロ計画は結果として月に降り立つことができたからこそ、価値が高まり今でも愛されているのでしょう。そこは大学の不得意な分野であるため、産業界にも本気になってもらい、一緒にやっていく必要があると思います。大学はむしろ企業に見習わなければいけないことがたくさんあります。夢を語るにしても、動機づけをサポートするにしても、どの大学に行っても同じやり方では意味がありません。企業なら、各社の方針や得意分野や考え方が明確になっているでしょう？　大学も同様に大学ごとの方向性や誇れる点があるからこそ、その条件下でどんな夢をかなえられるのかという話になるのです。

社会の仕組みを変えるリカレント教育への取り組み

永田　筑波大学では、トヨタ自動車から共同研究を提案され、3〜4年前から取り組んでいます。究極の目的は「車が要らなくなった次の時代の街や世界をどうやって作るか」です。参加しているのはエンジン工学や燃料工学などの分野ではなく、哲学、法学、経済学、人間科学などの研究者です。芸術やスポーツ、心理学などの研究者も参画していますので、それぞれの視点からの意見が出てきて、非常にユニークな共同研究になっています。

長谷川　私たちもトヨタ自動車様をはじめ自動車会社様には非常にお世話になっています。自動車会社の方が車のない社会を研究するというのは、興味深い取り組みですね。これは地域の未来に新たな社会サービスを創出するのが目的の研究なのでしょうか。

永田　「現在のような車がなくなった社会という新しいパラダイムを作る」というスタンスですね。トヨタ自動車は、機織り機の会社から始まり、世界トップの車の企業となって、今度は未来の社会を作る会社になろうとしているのが素晴らしいと思います。車の技術を突き詰めて考えるのではなく、新たな社会サービスをどう生み出すかといった視点を持ち、次世代モビリティは移動ニーズや地域社会の持続性といった観点からとらえなければならない課題であるとして研究を進めています。そこに研究費をつぎ込むだけの余裕があるのもさすがですね。大学は夢を自由に語ることができる場所であるべきだとお話ししましたが、その良い例となっています。

繰り返しになりますが、若い人たちは、やることが決まり、本気でやれば素晴らしい力を発揮するものです。そして一番変化できるのは「これをやるぞ」と決意した時です。大学がいつもそういう視野で研究教育を行っていれば、社会は確実に変わると思っています。

長谷川　Society 5.0は素晴らしいコンセプトですが、私たちのようなデジタル屋から見ると、このコンセプトを今から誰が作り上げていくのかということに少し不安を感じます。それよりも、実現するためには今あるものをどうやってつなげるかという視点が大切です。つなげる人材がいないなら、今その分野にいる実務を分かっている人がつなぎ方を覚えれば、どんどんつないでいけます。たとえば、事務仕事はどんどん自動化されていき職が奪われると言われていますが、実は事務職の人が自動化する技術を身につけ、自ら仕事を自動化していくことができれば、社会全体のトランスフォーメーションがうまくいくんです。それがリカレント教育でできれば、新たな社会の仕組みを作れる可能性があると思います。どうお考えですか。

永田　若い人たちはそれを敏感に察知していて、文系出身でもテクノロジーの勉強をしようとしています。テクノロジー（データサイエンス）の勉強といっても、身につけた知識や技術を自分たちの得意分野で応用し、生かせるようなレベルまで使えないといけません。筑波大学では、年に一回、同窓生が集まる「ホームカミングデー」を行っていますが、卒業生と話してみると、人文社会系の出身なのに、テック系のベンチャーを起こしている人が意外に多いんです。

シニアについては、より活躍していただくための教育を充実させていかないといけませんね。何もいますぐにエヴァンゲリオンを作れという話ではありません（笑）。いろいろなロボットがあるので、興味を持って学べる教育環境を整える必要がありますね。

長谷川　50歳前後のビジネスマンがいきなりプログラムを学べと言われてもそう簡単にはいかないでしょう。しかし、そういった人はビジネスの経験と知識のドメインを持っているからこそ、何かを解決したいと聞いた時に、リアルなアイデアが生まれるのも事実です。

永田　たとえば、選挙管理委員会で働いてきた人が、もっとシステムを良くしたいと考えたとすると、デジタルサイエンスをうまく組み合わせて電子投票にするという流れが自然にでき上がるはずです。しかし、デジタルの知識がなければ答えにはたどり着けません。だからこそ、得意分野を持った社会人が、デジタルの分野を学ぶことに意義があり、無敵のパワーを得られることを知って欲しいと思っています。

長谷川　「人生100年時代」になると50代の人は25歳の役割が必要になってくるかもしれません。今、そういう人たちに活躍いただく手段を考え、作るのが急務ですね。彼らの特技や今まで蓄積してきた知識をRPAで生かし、デジタル化できれば社会にとっても大きな資産になります。今、財務省で一緒に仕事をしている幹部の方とお話ししているのですが、非常に優秀な人材が事務の仕事に埋没されて、創造的な仕事をできる環境を提供しにくくなるというのです。それは非常にもったいないことです。

イブが蛇にそそのされて知恵の実を食べ、アダムにも食べさせて人間に知恵がついた、その結果として、服を着始めた。そのために洗濯という仕事が生まれて、毎日、単調で冬の寒い朝には冷たい水で洗濯物を洗うという大変な作業が課せられた。そこで洗濯機ができたわけです。当初は洗濯機に仕事を奪われた人もいたかもしれませんが、「洗濯機と冷蔵庫は女性を家事から解放し、社会進出させたからフェミニストである」という説もあるんです。今では、洗濯機の代わりに寒い朝に冷たい水で自分の手で洗濯することを職業としたい人もいませんし、洗濯機を革新的なテクノロジーと言う人もいません。

一方で、コンピュータが本格的に使われるようになってから60年が経ちます。ありとあらゆるところでシステムによる自動化が行われました。これはすごいことなのですが、実はあまり人間の仕事は楽になっていないというITのパラドックスも数多く見受けられます。システムへの手入力やチェック作業に人間がとらわれてしまうからです。RPAはすごく簡単に言うと、業務を見直して「キーボードをなくすこと」だと私は思っています。リモートワークの推進で東京から自然豊かな、空気や水、食べ物がおいしい場所へ移住できても、結局はPCを持っていかなければなりません。しかし、デジタルツールを駆使して、たとえば音声認知機能が進化していき、文字を打つ必要もなくなり、またその音声が現場の人によって、様々な既存のシステムや新しいAIやデジタル機器と簡単に素早くつなげられれば、人に優しい自動化ができるのではないでしょうか。誰も手入力をしない世界が当然になります。そういった観点から考えると、学生だけではなく社会人にこそ、トランスフォーメーションしていくために必要な教育もあるのかなと思います。

永田　現状の大学の体系から見ても、社会人向けの教育は明らかに必要です。筑波大学東京キャンパスには、現在「ビジネス科学研究科」だけを置いています。対象は社会人だけですが倍率は高く、技術革新とテクノロジーの進歩を味方につけて、さらに飛躍したいと思っている人たちが多いのでしょう。

専門力を培うのには時間がかかります。この部分をＡＩに任せるよりも、すでに持っている人がＡＩやロボティクスを扱う方がずっと効率的です。たとえば、ＡＩに「この料理を盛る食器を選べ」と指示すると、ＡＩは様々な観点からリサーチして、過去の事例の統計から最適解を算出します。しかし専門力を培ってきた人たちは、「今日はこの皿がいいけど、明日は別の皿の方がいいのではないか」という発想をすることができます。これが人間ならではのユニークな能力です。デジタルトランスフォーメーションの中でも、このようなセンスを生かして欲しいんです。そのことが社会の中でも少しずつ自覚されてきているからこそ、本学のビジネス科学研究科に人気が集まっているのだと思います。

長谷川　永田先生にぜひヒントをいただきたいことがあります。ＲＰＡなどに馴染みのない人にもデジタル化の波が押し寄せていますが、そこで職を失ったらデジタル化の犠牲者になってしまうのでしょうか。どうしたらそういう人たちを生かしつつ、世の中のデジタルトランスフォーメーションを実現していけるのでしょうか。

永田　私もそれは心配していますが、本学では、やれることをやっているつもりです。たとえば、筑波大学が開学した四十数年前から、すべての分野の学生は情報学2単位が必修でしたし、2019年からはそれが4単位に増えています。医学系も文系も、基礎やデータサイエンスを必修にしました。2020年3月には、内閣府がAIやデータサイエンスの教育課程の認定システムを作り、アウトラインもできています。

大学が明確な目的を持って、学生にデジタルトランスフォーメーションに対応できるリテラシー＋αをつけていくという考えを発信することは重要です。ただし、一定の層では認識が進んでいるものの、巨大な大学などでは「全学生に教えるのは不可能」と、さじを投げてしまっている場合もあります。そこで解決策として、対応できている大学のプログラムをオンライン&オンデマンドで受けるとか、双方向のスクーリングタイムのようなシステムを作ろうとしています。これはなるべくオールジャパンでやった方がいいので、頑張って動いているところです。

次のフェーズとしては、経済産業省や文部科学省が省庁のプログラムとして、どんな訴求力のあるプログラムを出すか、という議論の段階に入ります。そこでは様々な分野の人たちが意見を出して参加していくでしょうし、ＲＰＡの講師や現場で扱っている人にも来て欲しいですね。大学と社会がコラボレーションしていく流れもできつつあります。

未来の社会のあるべき姿を考える

長谷川　私個人としては、おそらくＡＩだけではもう中国やアメリカに勝てないだろうと感じています。しかし今、日本ではＲＰＡが盛んで世界をリードしている状況です。これまでのお話をうかがっていて、ＲＰＡとＡＩの組み合わせに日本人のエンパシーがプラスされれば、デジタル産業として世界をリードする可能性があると予感しています。

永田　日本のビジネスの強みがエンパシーと思いやりであることは間違いないでしょう。様々なものが本当にユーザーフレンドリーで、その分野では世界トップと言っても過言ではありません。ロールスロイスの伝説のように、砂漠で壊れても飛んでいきますという企業は少なくても、日本のメーカーは使う人に徹底的にフレンドリーなモノ作りをしています。そこに、海外と戦えるカギがあるはずです。

長谷川　本当にその通りだと思います。しかし、少子高齢化の今、ひとつひとつの仕事に手作業によるおもてなしの心を込めるのは難しくなっています。このままだと現場が疲弊し、日本の良いところがなくなってしまう。しかし、手作業の部分をロボットに任せ、日本の強みであるラストワンマイルが自動化できれば、おもてなしの気持ちや品質に対するこだわりをもっと強みとして打ち出せるはずです。イノベーションを起こす人は、シリコンバレーの天才だけではありません。現場を知る普通の人たちがイノベーションを起こしてきたんです。その人たちが今の手作業から解放され、顧客に対応する時間が持てるようになり、プロセスを見直してRPAとAIを使って自分で現場から自動化ができれば、本当に強い現場からのイノベーションが日本から生まれる可能性があると思っています。

永田　日本のモノ作りと、サービス産業と根本的なカルチャー。これは他の国にはない、そして決して容易に真似することのできない武器です。そんな環境から生まれたモノも、他国には真似できないクオリティを誇っています。海外の製品を使っていると、普通はあるだろうと思う機能がすっぽり抜け落ちていることがありますよね。

長谷川　他の国では絶対に開発されないものが日本で開発されるのは、やはり相手に対する思いやりとエンパシーがあるからと言っていいのでしょうか。

永田　その通りです。そこに思いが至る人でなければ、その機能は実装できないんです。そして教育や企業の付加価値となるのも、やはりエンパシーであり、人に対する思いやりです。日本が世界に勝てるヒントはここにあるんです。

長谷川　デジタルの世界でも日本は世界をリードできるでしょうか。

永田　勝てますよ、きっと。何も、見えるモノ作りだけの話ではありません。見えないモノ作りでも、世界をリードして勝てる可能性は十分にあると確信しています。

あとがき

7人の方々との対談を終えて、改めて強く感じたことがある。

どの方もリーダーとしてワクワクする将来の夢を語り、それを実現するんだというメッセージを発信し、率先して具現化されている。リーダーの本気度がデジタルトランスフォーメーションの成功のカギを握っている。

また、自動化・効率化という目的のためだけにRPAを導入しているのではない。面倒な作業から社員を解放し、創出した時間で新しいビジネスに挑戦する。より創造的な仕事に専念できる環境を作ることで現場の社員の働く歓びを取り戻す。現場の方々が自動化のためのロボットを自ら作り、使いこなすことで、新しい世界を切り開いていく。そのためのプラットフォームとしてRPAとそれに組み合わせるAIをとらえておられることに強い感銘を受けた。

もうひとつ感じたことは、誰もがデジタルテクノロジーだけではなく、人間により注目していらっしゃることだ。新しいデジタルテクノロジーを導入し、体現することで、これからのデジタルの時代に活躍する人財を育成することを、そしてその人財が活躍できる組織を作ることを大きな目的と考えているのだ。トップダウンで導入されたRPAは、現場の人たちが自ら課題を発見して解決していくボトムアップのツールとして使われるようになっている。人間の成長に伴ってツールを成長させ、企業、自治体を成長させていく、また、一方でさらなる教育の充実を図るという強い意志に触れて、私も大いに力を得ることができた。

私は大の秘湯好きで、これまで100カ所以上の秘湯を探索してきた。源泉かけ流しのお湯にじっくり浸かっていると、インスピレーションが湧き出してくることがある。

RPAとAIで日本を元気にする本を出したいという思いが湧いてきたのは、今年の正月明けに30年来の友人と群馬にあるひなびた温泉に浸かりながら、今後1年間について語っている時だった。

第2章でも触れたが、私が初めてRPAを実際に見たのは、日本のバークレイズグループにいた頃だ。ロボットが、数字を入力してさらに四捨五入計算をしてと、複数のアプリケーションの画面を移りながら次々と作業をこなしていく。それは、まるで見えない指がピアノを奏でているかのような美しい動きだった。

RPAは、動いているところを一目見ればその威力が理解できる、分かりやすい、極めてシンプルなツールである。

RPAを日本で始めて3年が経ったが、私は、このシンプルなツールを日本のユーザーたちが創意工夫で育てていることに非常に驚いていた。現場の自動化に必要なラストワンマイルの手作業をなんとかしたい、その思いと発想が、たくさんのイノベーティブな自動化を生んでいた。またそれが数万人以上の規模の自動化という成果も上げている。当初は、製品も日本語化されておらず、マニュアルも英語版しかなかった。そのような時から、日本での仕事にRPAを適用しようとする場合の課題を指摘し、共に解決策を考え、辛抱強くRPAを育ててくれた現場のリーダーやユーザーの方々、さらにパートナーの方々がいたことが、今日の日本のRPAを形作り、急速な普及につながったのだ。

そして、このような日本のユーザーの要望に応え、人間とテクノロジーの関係について深く考える中で、RPAとAIによるハイパーオートメーションや、A Robot for Every Personひとりひとりがロボットをというビジョンが生まれ、それをグローバルに展開すると共に、このビジョンを実現するために製品をブラッシュアップしてきた。

言わば、日本のＲＰＡは、日本のユーザーの皆さんとの協働作業で生み出してきたものだ。だからこそ、日本を変え、日本を元気にできる。だからこそ、日本から世界に発信し、世界を元気にすることもできる。

湯けむりの中でじっくりと語っているうちに、このようなインスピレーションが湧き出し、本書の構想ができ上がった。

その後、日本は新型コロナウイルス感染症により、いまだかつてない状況に対応しなければならなくなった。旧態依然のビジネスプロセスやデジタル化の遅れといった、日本社会が抱える潜在的な課題を、多くの人が実感するようになった。新しい生活様式の中で、健康と安全を守りながら、経済を維持し発展させていくことが今、求められている。リモートワークの先には自動化が必ず必要になる。過去の慣習にとらわれず、エンドツーエンドで業務を見直して改善することが急務となっているのだ。そこで今までのようにコストをかけ、時間をかけてシステムを構築するだけではなく、新しいデジタルのツールであるＡＩ－ＯＣＲやチャットボット、電子認証、オンライン会議等と連携させながら、より低コストで、より素早く、現場に寄り添って導入できるデジタルのテクノロジーの中心となるのが、ＲＰＡと、それに組み合わされるＡＩなのではないだろうか。

とはいえ、どんなに効果を上げられるものであったとしても、テクノロジーは環境と機会を作ってくれるだけである。それを生かすのは人間だ。テクノロジーに使われるのではなく、テクノロジーを使いこなして行動することが重要なのだ。そしてそれを実現するのは、個人ひとりひとりのモチベーションである。自ら考え、行動する強い個人こそが、テクノロジーを生かして新しいビジネス、新しい社会を作っていく。

一方で、忘れてはいけないのが、本書で繰り返し重要性を指摘してきたエンパシーである。強い個人が求められるとはいっても、そうでない人を突き放さないのがエンパシーを持つ日本ならではの優しさだろう。デジタルの新しい社会でも、そういう価値観を持ち続けることが日本の強みとなり、日本発のＲＰＡ×ＡＩのデジタルテクノロジーが世界に出て行けるチャンスになるのだろうと思う。

強い個人とエンパシーを兼ね備えた現場こそが、これからの日本の力となる。私は、日本の現場の力を信じている。

最後になりましたが、今回対談を快くお引き受けいただき、たいへん示唆に富んだお話をお聞かせいただいた太田純様、山下良則様、水田正道様、渡久地択様、江川昌史様、大井川和彦様、永田恭介様、ありがとうございました。心から御礼を申し上げます。また、いつもご支援をいただき重要な示唆を与えてくださるＵｉＰａｔｈユーザーとパートナーの方々にも感謝と御礼を申し上げます。皆さまからの貴重なご意見やご助力がなければ、本書を形にすることはできなかったでしょう。

百瀬公朗さん、水上晃さん、末廣満さん、日向野ららさん、ダニエル・ディネスさんをはじめ、本書の執筆に当たり、貴重なアドバイスと惜しみないサポートをしてくださったＵｉＰａｔｈの多くの仲間たちや編集に当たってくださったダイヤモンド社の皆さん、稲田敏貴さんにも御礼を申し上げます。

また、いつも私の仕事に理解を示してくれるのみならず、本書の最初の読者となって貴重な感想を述べてくれた家族にも感謝の意を伝えたいと思います。

ＲＰＡとＡＩがさらに進化して、将来、人々が自らの可能性に最大限挑戦できるようなデジタル社会を実現でき、日本から世界に広げられることが、私の大きなモチベーションになっています。

2020年10月

長谷川康一

［著者］
長谷川康一（はせがわ・こういち）
広島県出身。慶應義塾大学法学部法律学科卒。30年近くのコンサルティング、金融業界での経験を持つ。アーサー・アンダーセン（現アクセンチュア株式会社）、ゴールドマン・サックス証券株式会社のほか、ドイツ銀行、バークレイズ銀行などでCIO（最高情報責任者）やCOO（最高執行責任者）を歴任し、ニューヨーク、ロンドン、シンガポールなど海外でのマネジメント経験を持つ。2017年2月に米UiPath日本法人であるUiPath株式会社の代表取締役CEOに就任。2020年4月より経済産業省「地域の持続可能な発展に向けた政策の在り方研究会」委員。

現場が輝くデジタルトランスフォーメーション
——RPA×AIで日本を変える

2020年11月10日　第1刷発行

著　者——長谷川康一
発行所——ダイヤモンド社
〒150-8409　東京都渋谷区神宮前6-12-17
https://www.diamond.co.jp/
電話／03･5778･7235（編集）　03･5778･7240（販売）
執筆協力——大木浩美・稲田敏貴
装丁・本文デザイン—米谷豪
対談撮影——加藤昌人
製作進行——ダイヤモンド・グラフィック社
印刷——八光印刷（本文）・新藤慶昌堂（カバー）
製本——川島製本所
編集担当——中鉢比呂也

ISBN 978-4-478-11203-8